图说武当秘技系列

武当分筋错骨手

陈　钢　著

人民体育出版社

图书在版编目（CIP）数据

武当分筋错骨手 / 陈钢著. -- 北京 : 人民体育出版社, 2023（2024.4重印）
（图说武当秘技系列）
ISBN 978-7-5009-6265-6

Ⅰ. ①武… Ⅱ. ①陈… Ⅲ. ①武术－基本知识－中国
Ⅳ. ①G852

中国版本图书馆CIP数据核字(2022)第255049号

*

人民体育出版社出版发行
三河兴达印务有限公司印刷
新 华 书 店 经 销

*

880×1230 32开本 7.75印张 196千字
2023年4月第1版 2024年4月第2次印刷
印数：3,001—4,500册

*

ISBN 978-7-5009-6265-6
定价：33.00元

社址：北京市东城区体育馆路8号（天坛公园东门）
电话：67151482（发行部） 邮编：100061
传真：67151483 邮购：67118491
网址：www.psphpress.com
（购买本社图书，如遇有缺损页可与邮购部联系）

丛书绘图组

高　翔　　丁亚丽

高　绅　　李梦瑶

总　序

2017年，中共中央办公厅、国务院办公厅印发了《关于实施中华优秀传统文化传承发展工程的意见》（以下简称《意见》），并发出通知，要求各地区各部门结合实际认真贯彻落实，体现了党和政府对中华优秀传统文化的重视。

在国民教育方面，《意见》提出，加强中华优秀传统文化相关学科建设，重视保护和发展具有重要文化价值和传承意义的“绝学”、冷门学科。在保护传承文化遗产方面，《意见》提出，推动民族传统体育项目的整理研究和保护传承。

中华武术有着数千年的发展历史，是中华民族在社会实践中创造的宝贵财富，是中华文化的重要组成部分。武当武术作为“内家之宗”，在武术爱好者中具有较高的认知度。正是基于此，我们策划了这套“图说武当秘技系列”丛书。

本套丛书种类齐全，既有养生法，又有技击术，还有大力功，精心选取与展现了丰富多彩的武当诸派秘技；注重练法，注重实效，突出“图说”，简明扼要，便于阅读和学习。丛书编写者都是武当武术相关的专家、学者、教授，他们既有自身体验，又有教学经验，既有很高的技术水平，又有很深的学术造诣。当然，不足之处在所难免，欢迎读者批评指正，以利今后进一步充实与完善。

内容提要

1. 玄鹰拳，武当秘传，侧重手法，讲究号拿降守、抓拉挤黏、分筋错骨、点穴闭气。其“分筋小手”，动作简洁，劲法直接，主在擒筋拿络，可一招制敌。

2. 浑元派，阴阳相合，劲修浑元，阴阳合一劲，浑元成一体，“浑元练至通灵后，一撒通身皆是手”。其大力擒拿手，招法实用，变化多端，势猛力足，杀伤力强。

3. 松溪派错骨手，既有鹰爪之刚猛，又具道家之灵柔。其以鹰爪功为基，佐以秘传招法，抓拿缠绕，加力打压，反敌关节，轻则令敌疼痛难忍，重则致其筋扭骨折。

4. 太乙派，根在道家，宗于玄门，境界高妙，令人神往。其分筋错骨手，技法全面，抓扣锁拿，缠绕捋挤，提按砸压，可错骨分筋，可封穴闭气，可擒制降服。

5. 武当洪门，历史悠久，招法实用，手法丰富；以气催力，以声助威；硬桥硬马，劲刚势猛。洪门既能拳打脚踢，可放长击远，也能近身短打，卸骨撕筋。

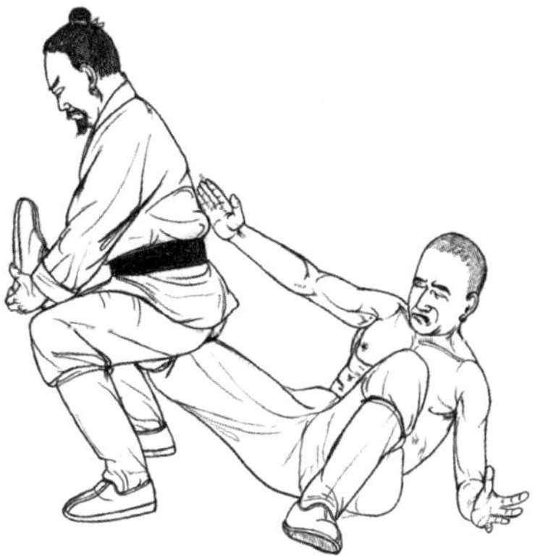

6. 八仙门，武当内家秘门，其招模拟“八仙”，象形取义，动作优美，造型古朴，令人神往。八仙擒拿，招法独特，精湛实用，分筋错骨，令敌束手。

7. 南派岳家拳“裁手”，非常有名，注重技击，讲究单操。分筋错骨手，即属“岳家裁手”，可对敌叼拿锁扣，封穴闭气，折节断骨，擒制降服。

8. 八卦掌，又称游身八卦掌或八卦连环掌，是著名的中国传统内家拳，流传很广。八卦擒拿，柔可分筋，刚可断骨，游身连环，变化多端。

9. 太极擒拿，“出手如绵，上身似铁”“扣如钢钩，缠如金丝”，对准敌方关节一阵突袭猛击，轻可致敌肢体疼痛，失力丧势；重可致敌筋断骨折，当场昏死。

目 录

第四章 太乙分筋错骨手（二十八手）/ 62

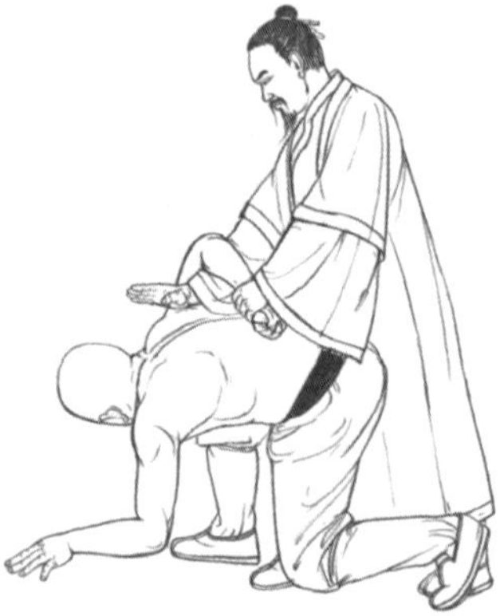

第六章　八仙分筋错骨手（八手）/ 160

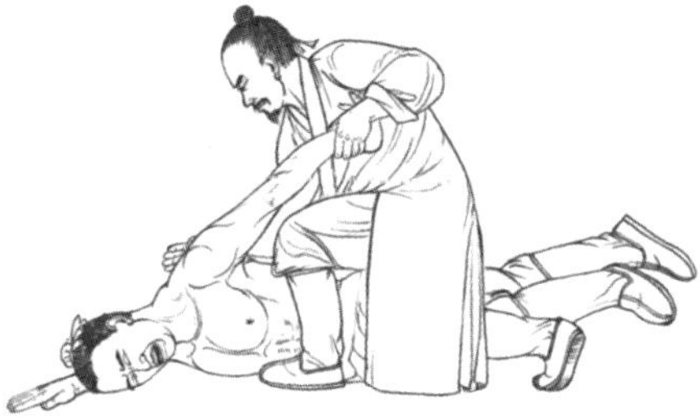

第七章　岳家分筋错骨手（十二手）/ 172

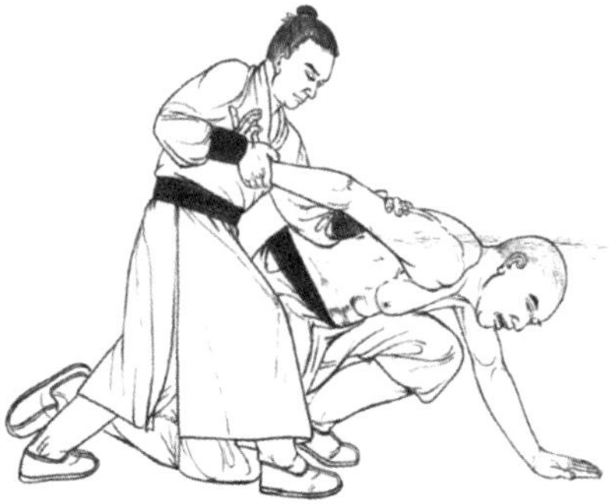

第八章　八卦分筋错骨手（八手）/ 188

第九章　太极分筋错骨手（十三手）/ 202

第一章

玄鹰分筋错骨手（十六手）

鹰拳，中国象形拳一大名技，有谓“大力鹰爪谁能挡，犹如雄鹰下鸡场”。因其多用鹰爪，故常被称作“鹰爪拳”。此类拳法，模拟鹰形，架势优美，动作强劲，练之使人精神抖擞，英气勃发，颇具健身和实战妙用。

鹰拳有多种流派，按其风格和动作特点，可分为南、北派或内、外两家。北派或外家鹰拳的主要特点是：舒展大方，造型优美，偏重高跳、低压、翻崩、滚砸、窜跃、勾挂等。南派或内家鹰拳的主要特点是：侧重手法，技巧细腻，讲究号拿降守、抓拉挤黏、分筋错骨、点穴闭气。武当派鹰拳，是为内家南派鹰拳。

陈子正《鹰爪论》载有：“此家手法，原系象形。鹰为猛禽类之一，其性猛，其爪利，运用爪之抓力可以战胜他禽。故凡与鹰体积相等之禽鸟，或稍大者，莫不当者披靡，

不敢与较。鹰爪手法之与他家拳相遇，亦可操必胜之权。是以名之曰鹰者，乃鹰爪力之总名。此种手法，与他家手法迥异，专以抓打擒拿、分筋错骨为主。抓打擒拿，分筋错骨，必按人周身关节、穴孔、要害处击之。凡气功不能达，内功不能到之处，遇此手法，虽具铜皮铁骨，未有不披靡者。然此种手法，贵力足，尤贵力整。力足而整，临敌应用，愈显其妙。故拳术最毒、最猛、最能守者，莫如此种手法者。有沾衣如扪脉之妙诀，如吸如引之黏性。精于此法者，手见手无处走，故愈近，愈易制胜。”

本章招法，选自武当秘传玄鹰拳，鉴于篇幅，只能把其“分筋小手”介绍数招。所谓分筋小手，即动作简洁，劲法单一，主在擒筋拿络，阻血闭气，可一招制敌，全靠功力超人。

一、老鹰夺食

【实战分解】

1. 敌方右脚跨步，右拳冲击我方脸部。我方向左闪身，左脚乘机进于敌方右腿外侧；同时，左掌向前、向右拦推敌方右前臂外侧，将敌方拳劲化解。（图1–1）

图1–1

2. 随即，我方右爪从敌方右臂下穿伸过去，扣捏敌方下颌两侧（拇指在里），用劲旋扭，使其嘴部受制，酸麻疼痛。（图1-2）

图1-2

二、黄鹰掐嗉

【实战分解】

1. 敌方右步上进，右拳崩击我方脸部。我方向后挪身，左掌上挑，用左前臂外格敌方右腕，阻截敌方拳击。（图1-3）

图1-3

2. 随即，我方左掌向外反压敌方右前臂；左脚前滑，绊其右腿，不让其逃；同时，右爪前伸（拇指在里），用劲掐锁敌方脖颈，闭其血脉。（图1–4）

图1–4

三、雏鹰叼鱼

【实战分解】

1. 敌方左脚上步，左拳崩击我方胸部。我方向后挪步，沉身后坐；同时，左掌前挑，用掌背翻拨敌方左臂，化解敌方拳劲。（图1–5）

图1–5

2. 随即，我方左掌外旋，扣抓敌方左腕；同时，右脚向前上步，右爪前伸，抓击敌方左肩三角肌（拇指在前，扣住肩井穴），致其半身麻痹。（图1–6）

图1–6

四、玄鹰戏雀

【实战分解】

1. 敌方右脚上步，右拳崩打我方脸部。我方左脚后撤，沉身后坐；同时，右掌上挑，用掌背拦格敌方右前臂外侧，化解敌方拳击。（图1–7）

图1–7

2. 随即，我方右掌外旋抓扣敌方右手，左脚上步；同时，左手抓扣敌方右上臂肱二头肌内侧，拇指在下，四指在上，使用颤劲，致其右臂酸麻，筋伤难动。（图1–8）

图1–8

五、怀中取宝

【实战分解】

1. 敌方右脚上步，右拳击砸击我方脸部。我方退身下坐，成左虚步；同时，右掌上挑，用掌背架格敌方右臂，阻截敌方拳击。（图1–9）

图1–9

2. 随即，我方右掌外旋，抓控敌方右手；同时，左掌屈指成爪，由下向上（拇指在外，四指在里），扣抓敌方右臂下筋（包含清灵穴），伤其筋穴，致其酸麻，失力难动。（图1-10）

图1-10

六、雄鹰擒兔

【实战分解】

1. 敌方右脚上步，右拳崩击我方脸部。我方右脚撤退，脚尖点地，沉身后坐，成右虚步；同时，右掌上挑，用掌背拦截敌方右腕，化解敌方拳击。（图1-11）

图1-11

图1-12

2. 随即，我方右掌外旋，扣抓敌方右腕，拧动下拽；同时，左手前伸抓击敌方右肘，拇指扣其肘尖窝内尺神经（麻筋），中指扣住曲泽穴，立可致其疼痛失力，右臂绵软。（图1-12）

七、摘花取叶

【实战分解】

1. 敌方右脚上步，右拳崩击我方脸部。我方向后滑步，沉身后坐，成左虚步；同时，左掌上挑，用掌背反格敌方右臂。（图1-13）

图1-13

2. 不停，我方左掌旋腕，扣抓敌方右腕，向外缠拧；同时，右手成爪向前抓扣，拇指扣其右肘内侧少海穴，中指扣其右肘外筋，使其右臂酸疼，顿时失力，无法反抗。（图1–14）

图1–14

八、力锁曲池

【实战分解】

1. 敌方右脚上步，右拳冲击我方脸部。我方向后滑步，沉身后坐，成左虚步；同时，左掌上挑，掌外沿外格，拦截敌方右前臂。（图1–15）

图1–15

2. 不停，我方左脚向后退步，左掌旋腕扣抓敌方右腕，向后牵拉；顺势向左转体，右手抓扣敌方右前臂（拇指在下），中指扣其曲池穴（前臂筋），致其手臂酸麻，疼痛难忍。（图1–16）

图1–16

九、仙翁迎客

【实战分解】

1. 敌方右脚上步，右拳冲击我方胸部。我方右脚撤步；同时，右掌上抬，托接敌方右腕。（图1–17）

图1–17

2. 不停，我方左脚退步，右手顺势后滑抓握敌方右拳，左手前伸也去抓握敌方右拳。两手拇指扣按敌方右腕背，四指握拿敌方右腕下侧，一起缠压，轻则致其右腕酸疼失力，重则可伤其手腕。（图1-18）

图1-18

十、搬枝摘果

【实战分解】

1. 敌方右脚上步，左拳冲打我方脸部。我方向后滑步，沉身后坐，成左虚步；同时，左掌上提，用掌背拦截敌方左臂外侧。（图1-19）

图1-19

2. 不停，我方左脚前移，右腿蹬劲，成左弓步；同时，右手前伸，抓击敌方左腋部，拇指在里扣其腋中，四指扣抓其腋后筋，颤劲抖动，伤其筋韧，致其剧疼。（图1–20）

图1–20

十一、玄武挺剑

【实战分解】

1. 敌方右脚上步，右拳冲击我方脸部。我方向后滑步，沉身后坐，成左虚步；同时，左掌上挑，指尖向上，外拨敌方右臂。（图1–21）

图1–21

2. 不停，我方左脚向前一步，踏于敌方右脚内侧，右腿蹬劲成左弓步；同时，右手前伸，拇指在里扣其腋窝（极泉穴），四指扣其右胸侧腋前筋，颤劲抖动，外伤其筋，内伤其穴。（图1–22）

图1–22

十二、海底捞月

【实战分解】

1. 敌方右脚上步，右拳冲击我方脸部。我方向后滑步，避敌锋芒，左掌上提，掌背弹格，拦截敌臂。（图1-23）

图1-23

2. 不停，我方右腿蹬劲，成左弓步；同时，右手向前下伸，拇指在上，扣其右胯根肌筋，四指向内扣拢，扯拉敌方胯缝之缝匠肌，致其右腿疼痛酸麻，站立不稳。（图1-24）

图1–24

十三、黑鹰掏裆

【实战分解】

1. 敌方右脚上步，踏入我方中门，右拳崩打我方脸部。我方向右旋身，重心右移成横裆步，右掌自左向右拦抓敌方右腕，破解敌方拳击。（图1–25）

图1–25

2. 不停，我方右手拽住敌方右腕向右牵带；同时，左手向前下伸，抓握敌方裆部阴囊（宗筋）。（图1-26）

图1-26

十四、岩鹰弄蛇

【实战分解】

1. 敌方左脚前移，向左旋体，右脚踹踢我方裆部。我方向右转身，右掌护于左肩，左掌向右拦截敌方右腿。（图1-27）

图1-27

2. 不停，我方左掌顺势勾腕抄起敌方右脚后跟，向左抱拉；同时，右腿蹬劲成左弓步，右手成爪抓敌右膝，拇指在上，扣住其膝盖内侧髌骨神经，食、中二指在下，扣住其膝弯委中穴，擒其筋使其难动，拿其穴使其受伤。（图1-28）

图1-28

十五、铁爪扣筋

【实战分解】

1. 敌方左脚前跨，向左旋体，右腿横踢我方头部。我方向后滑步，左手上划，拦抓敌方小腿。（图1-29）

图1-29

2. 不停，我方左手抓其踝部向后下拉；同时，右手乘机向前抓拿敌方右小腿，食、中二指在下扣其承山筋，拇指在上扣其前胫肌，致其筋肌受伤，酸麻失力。（图1–30）

图1–30

十六、鹰爪撕兔

【实战分解】

1. 敌方左脚前移，提起右脚，正蹬我方裆部。我方向后滑步，避敌锋芒；同时，左手捞抓敌方右脚后跟。（图1–31）

图1–31

2. 不停，我方右手也前伸锁扣，两手合劲，两拇指在上扣其内外踝尖，大力所到，伤其腿筋。（图1-32）

图1-32

第二章

浑元分筋错骨手（十二手）

据传，元末明初，时有剑客毕坤（字云龙），隐居武当山，创立“浑元派”，著有《浑元剑经》传世。

浑元派，拳宗内家，阴阳相合，劲修浑元。其阴为反弹劲，可抗打防身。其阳为爆发劲，可发劲伤敌。阴阳合一劲，浑元成一体。

身上练成浑元劲，即可临敌技击，所谓由内及外，由劲

见招。“浑元练至通灵后，一撒通身皆是手”，远使腿踢近手打，靠身擒拿加肘膝，一动全身皆是招。

本章专讲其大力擒拿手，招法实用，变化多端，势猛力足，杀伤力强。一旦练熟，必如《浑元剑经》所述：“手手虚实相兼，步步奇偶相济，高低、前后、左右、上下，随心向往，有非人力所能致者也。”

一、黑虎擒羊

【实战分解】

1. 敌方左脚前移步，右摆拳击打我方头部。我方大力相抗，左前臂向外硬挡；同时，左手顺势抓拿其胳膊。（图2-1）

图2-1

图2-2

2. 随之，我方左手按住敌方上臂下压，同时，两脚前滑，右手掳抓敌方右肘，向右下拽拉。（图2-2）

3. 随即，我方左手绕过敌方颈后，抱住敌方下颌。（图2–3）

图2–3

图2–4

4. 不停，我方左手搬住敌方下颌猛劲左旋。（图2–4）

二、倒背金人

图2-5

【实战分解】

1. 我方右脚虚踢敌方裆部，佯攻惊敌，诱其躬身防下。我方右脚顺势向前踏落；同时，两掌交叉贴抱敌方下颌两侧。（图2-5）

图2-6

2. 随即，我方右脚内扣，左脚向自己右脚外侧摆步，两脚平行，屈膝半蹲，身体转过，背部紧贴敌胸。（图2-6）

3．不停，我方左手上伸扣住敌方后颈，两腿蹬伸，低头弯腰，猛劲将敌方过背扛举而起。（图2-7）

图2-7

4．随即，我方右脚向后退步，使敌方从我方头顶摔过，仰身跌地。紧接着我方两手抱住敌颈，使劲向右旋拧，扭伤敌方颈椎。（图2-8）

图2-8

三、银蛇缠枝

图2-9

【实战分解】

1. 敌方左脚上步，左手探抓我方裆部。我方右手下伸，抓擒敌方右掌，拇指扣其手背，四指扣握其手心及掌根。（图2-9）

图2-10

2. 不停，我方左手成八字掌，扣住敌方左掌，两手一起向上、向右卷缠，扭折敌腕。（图2-10）

四、童子担水

图2-11

【实战分解】

1. 敌方打出右拳。我方右手擒抓其腕，迅疾向右下拽拉。（图2-11）

图2-12

2. 随即，我方左脚上步于敌方右脚内侧，顺势左转；同时，左掌虎口叉托敌方右肘后下，欲折其肘。敌方用力相抗。（图2-12）

3. 不停，我方右脚后摆一步，左手贴敌右臂下滑，与右手合劲抓敌右腕；同时，将敌肘扛于左肩，肩部上顶，两手下拉。两手合劲，肩力整足，一旦成招，其必被伤。（图2-13）

图2-13

图2-14

五、龙缠金柱

【实战分解】

1. 敌方出右拳，栽击我方腹部。我方左臂向下、向外格开敌方右臂。（图2-14）

2. 随即，我方右拳乘机勾击敌方心窝。（图2–15）

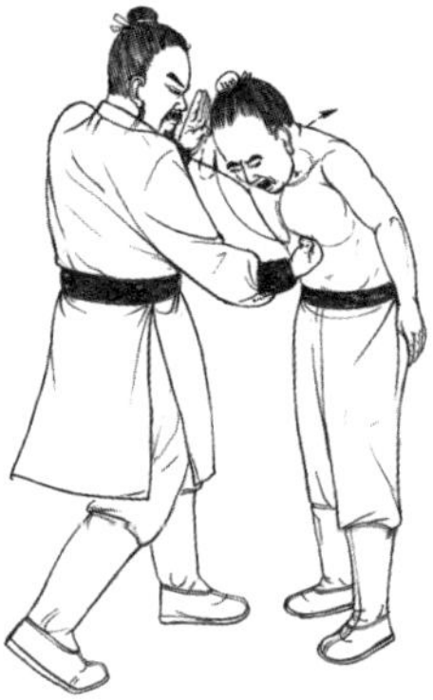

图2–15

图2–16

3. 敌方受击，收腹弯腰。我方左前臂迅疾从敌方右臂内侧穿过上挑；同时，身体右转，右手向上扳住敌方肘部，向我方怀里猛拉。（图2–16）

4. 不停，我方左肘上翻，左手按住敌方右肩后侧；同时，右手扒住敌方上臂下压，两手合劲，扭折敌方肩节。（图2–17）

图2–17

图2–18

六、懒龙翻身

【实战分解】

1. 敌方左脚上步，左拳冲打我方脸部。我方右脚后撤；同时，右掌拍压敌方左腕，化解敌方拳劲。（图2–18）

2. 随即，我方左脚前移，进于敌方左脚内侧；同时，屈膝躬腰，向前探身，两手捞抱敌方左大腿。（图2-19）

图2-19

图2-20

3. 不停，我方右脚上步，两脚开成马步，左颈紧贴敌方左肋。（图2-20）

4. 不停，我方猛然蹬腿挺身，用劲将敌方抱起，向后摔翻。（图2-21）

图2-21

5. 不停，我方顺势向后侧倒，右肘随之砸敌左肋。（图2-22）

图2-22

七、力士扛刀

图2-23

【实战分解】

1. 敌方右脚跨步，左腿蹬踢我方胸部。我方向右侧身，两手抄抱敌方左小腿。（图2-23）

图2-24

2. 随即，我方右脚后摆一步，屈膝跪地；同时，两手顺势抬扛敌方左腿至我方左肩之上。（图2-24）

3. 不停，我方迅速低头弯腰，两手猛劲搬拽其腿，将敌方从我方肩上摔过。（图2-25）

图2-25

图2-26

4. 敌方被摔之后，我方两手紧抓不放，再加拧劲，扭折敌踝。（图2-26）

八、老道推磨

图2-27

【实战分解】

1. 敌方右脚上步，左鞭腿横踢我方头部。我方向右旋身，两手抄抱敌方左小腿。（图2-27）

图2-28

2. 随即，我方左脚内扣，右脚后摆，成插步势；同时，两手合劲将敌方左小腿控制在我方胸前。（图2-28）

3. 不停，我方左腿乘上体右转旋压之势，向后绊踢敌方右腿膝弯，致使敌方失衡摔倒。（图2-29）

图2-29

图2-30

4. 不停，我方两手抱住敌方左腿向右外搬；同时，再用左膝猛劲向左跪挤其右胯内侧，合力分撕敌方腿筋，连伤裆部。（图2-30）

九、真武踏浪

图2-31

【实战分解】

1. 敌方右脚前移，左脚正蹬我方腹部。我方向后吞身之际，两手交叉抄抱敌方脚踝。（图2-31）

图2-32

2. 随即，我方含胸收腹，右脚外摆；同时，借助惯性，两手向右下拉敌方左腿。（图2-32）

3. 随即，我方再向左上弧形旋拉，将敌摔倒。（图2–33）

图2–33

图2–34

4. 不停，我方两手上提敌方左腿，拧扭其踝；同时，起右脚踩踏敌方左肋。（图2–34）

十、马踏金鼎

【实战分解】

1. 敌方进步，右腿横踢我方左胸。我方迅速向左转体，两手抱接敌方右腿。（图2-35）

图2-35

图2-36

2. 随即，我方右手前伸，从敌方右侧扒其颈后。（图2-36）

3. 不停，我方左手夹抱敌方右腿上抬，右手按住敌方后颈下压；同时，右腿勾踢其左腿，合劲将其向我方右侧摔出。敌方前栽，扑倒在地。（图2-37）

图2-37

4. 不停，我方借勾踢惯性，右腿上踢外摆，继向右侧踏落，脚跟震击敌方腰椎，立可致其重伤。（图2-38、图2-39）

图2-38

图2-39

十一、仙童打躬

【实战分解】

1. 敌方左脚前移，右鞭腿横扫我方头部。我方右脚向后收步，向左旋体；同时，两手抄抱敌方右腿。（图2-40）

图2-40

图2-41

2. 随即，我方向左旋身，用左臂紧抱敌方脚踝，右手配合抓其脚跟。（图2-41）

3．不停，我方右脚上前一步；同时，身体向右下转，翻拧敌方踝节，迫敌前扑栽倒。（图2–42）

图2–42

4．不停，我方身体右转，右手抓握敌方脚尖，向右拧折；同时，左膝猛劲跪击敌方左膝后弯，合力伤其踝膝。（图2–43）

图2–43

十二、龟蛇戏岳

【实战分解】

1. 我方主动进攻，滑步进身，左拳直冲敌方脸部。敌方仰身躲过。（图2-44）

图2-44

图2-45

2. 我方趁机蹲身下潜，两手合抱敌方双腿，颈部向左紧贴敌方左侧腰际。（图2-45）

3. 随即，右脚向敌方裆下跨入一步；同时，肩向前顶，两手提拽，胸向上挺，将敌抱起摔倒。（图2-46、图2-47）

图2-46

图2-47

4. 不停，我方右脚向左跨过敌身，向左转体约半周；同时，两手紧抱敌方两腿用力，左脚摆步配合，使敌翻身。紧接着我方上体后仰，挺腹前顶，合劲折损敌方髋关节，致其难以动弹。继而可顺势猛劲坐下，对其腿筋伤害更重，不可轻易使用。（图2-48）

图2-48

第三章

松溪分筋错骨手（九手）

松溪派内家拳，是武当派一个非常古老的支派，据传创自内家高手张松溪。此派名声很大，自创始以来即高手辈出，至今犹威震武林。本章采其分筋错骨手，举例解之。

清代曹秉仁《宁波府志·卷三十一·张松溪》载："张松溪，鄞人，善搏，师孙十三老，其法自言起于宋之张三峰。三峰为武当丹士，徽宗召之，道梗不前，夜梦玄帝授之拳法，厥明以单丁杀贼百余，遂以绝技名于世。由三峰而后，至嘉靖时，其法遂传于四明，而松溪为最著。"

《武当松溪派内家拳》载："拳勇有所谓内家者，以静制动，犯者应手立仆。内家之术松溪之传尤善，其法主于御敌，无隙可乘。非遇困危则不发，发则所当必靡。"

松溪派武技，非常擅长擒跌与点穴。其分筋错骨手，既有鹰爪之刚猛，又具道家之灵柔，技法巧妙，自成一家。其以鹰爪功为基，佐以秘传招法，抓拿缠绕，加力打压，反敌关节，轻则令敌疼痛难忍，重则致其筋扭骨折。

一、探马裹肘

【实战分解】

1. 敌方左脚上步，左拳冲击我方脸部。我方见敌方来势凶猛，迅疾将右脚向右前侧闪，偏身避过敌拳锋芒。（图3–1）

图3–1

2. 随即，我方左掌反划，捋抓敌方左腕；同时，右掌前托敌方左上臂下侧，欲向左擒跌。敌方急忙扬臂后撤。（图3-2）

图3-2

图3-3

3. 不停，我方右腿上步，绊住敌方左小腿前侧；同时，左手牵拉敌方左腕向后拉别，右前臂猛劲裹格敌方左上臂后侧，伤折其肘关节。以打法快劲杀伤，不得让其逃脱。（图3-3）

二、滚肘四平

【实战分解】

1. 敌方右脚上步，右拳冲击我方脸部。我方迅疾将右脚后撤，沉身后坐，成右虚步；同时，右掌上挑，右前臂向上格拦敌方右前臂外侧。（图3–4）

图3–4

图3–5

2. 随即，我方右掌旋腕扣抓敌方右腕，顺势拽拉；同时，左脚向前上步，绊住敌方右腿内侧，向右旋身，左前臂裹击敌方右肘后侧。（图3–5）

3．不停，我方右拉左推，猛然向右旋身，将敌方向右跌扑；同时，左掌前伸，大力劈砸敌方右肩关节。（图3-6）

图3-6

三、铲手披挂

【实战分解】

1．敌方右脚上步，右拳冲击我方脸部。我方迅疾将右脚后撤，右掌上挑，用掌背格挡敌方右前臂外侧。（图3-7）

图3-7

2. 随即，我方右掌旋抓敌方右腕，顺势拽拉；同时，左脚向前上步，于敌方右脚前成左弓步，左掌前穿戳击敌方下颌。（图3-8）

图3-8

图3-9

3. 不停，我方右手抓紧，左掌急收，用掌外沿大力砍击敌方右上臂后侧，折其肱骨。（图3-9）

四、箭手滚肘

【实战分解】

1. 我方见机急进，右手拦抓敌方右腕；同时，左掌从其右臂下穿过，指尖戳击敌方咽喉。敌方仰面，用左掌阻截我方左掌。（图3-10）

图3-10

图3-11

2. 不停，我方拽拉敌方右腕，向右旋拧；同时，向右旋身，左臂滚旋（膀劲）敌方右肘，致其向前栽跌。（图3-11）

五、勾踢寸腿

【实战分解】

1. 我方左脚前移，左手向前虚晃；同时，右脚乘机勾踢敌方左脚后跟。（图3-12）

图3-12

图3-13

2. 不停，我方右脚前落，左脚迅速垫步，右脚顺势踹击敌方右膝。突袭下盘，单脚连环，分筋错骨，迅疾难防。（图3-13）

六、插花翻打

【实战分解】

1. 敌方左脚上步，右拳冲击我方脸部。我方迅疾后撤，沉身后坐，右脚尖点地，成右丁步；同时，右拳上提，向外拦格敌方右前臂外侧。（图3–14）

图3–14

图3–15

2. 不停，我方右脚落地，左脚上步绊住敌方左腿；右拳变爪，旋抓敌方右腕，向右下拽拉；同时，左臂屈肘，压住敌方右肘后侧，猛然沉劲，折其肘节。（图3–15）

七、倒步落膝

【实战分解】

1. 敌方左脚前移，右脚踢击我方胸部。我方向右旋身，右手搂接敌方右脚，紧紧抱贴；同时，向右转体，左膝沉跪，左掌按住敌方右膝。（图3–16）

图3–16

图3–17

2. 不停，我方右手抱其右脚跟上搬，左掌抖劲震击，旋压敌膝关节，致其骨错筋分。（图3–17）

八、推掌抠爪

【实战分解】

1. 敌方右脚上步，右拳冲打我方脸部。我方向后滑步，沉身后坐，成左虚步；同时，左掌上起，向右拍格敌方右肘。（图3-18）

图3-18

图3-19

2. 随即，我方右掌上抓敌方右臂下拽，左脚迅速上步于敌方右脚后侧；同时，左掌根猛劲推击敌方右颌关节。（图3-19）

3. 不停，在敌方受击昏神之际，我方左掌迅疾扣指，用食、中二指抠住敌方右耳根颌关节缝，拇指抠住其下颌骨，抖劲错敌下颌。（图3-20）

图3-20

九、三法混元

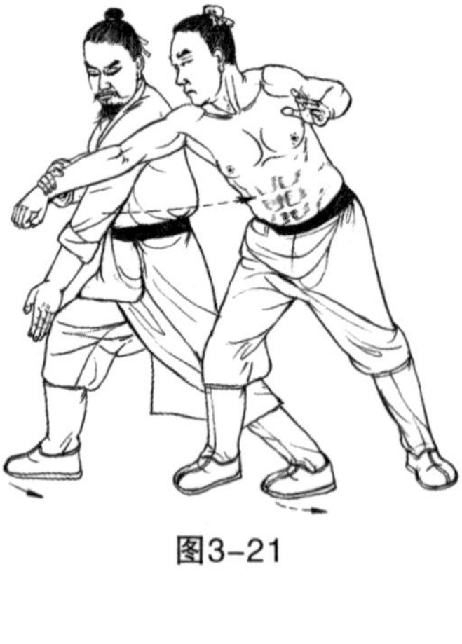

图3-21

【实战分解】

1. 敌进右步，右拳打来。我方用右手接抓敌方右腕，顺势向右牵拉，左膀乘机向右裹格敌方右肘，伤其关节。（图3-21）

2. 随即，我方趁敌回防收拉右臂之际，向左回身，两脚摆步，左肘冷然撞击敌方右肋。（图3–22）

图3–22

图3–23

3. 不停，我方两手乘机握拳分开，左臂向前斜拦敌方胸部，靠挤砸压，致其后跌。擒中有打，打中有跌，一招三法，混合杀伤。（图3–23）

第四章

太乙分筋错骨手（二十八手）

太乙派，武当内家武术的一大流派，练法非常丰富。有太乙神剑门、太乙铁松派、太乙两仪门、太乙天鹰门等分派；有紫霄太乙拳、太乙五行拳、太乙天尊拳、太乙乾坤拳、太乙玄武拳、太乙阴阳掌、太乙火龙掌、太乙绵掌、太乙逍遥掌、太乙玄阴掌、太乙八门掌、太乙游龙太极拳等拳技；有太乙十三势、太乙闭手、太乙点按术、太乙玄阴脚、太乙五行擒扑等招法；有太乙行云剑、太乙逍遥剑、太乙拂尘等器械；还有太乙游龙功、太乙仙鹤功、太乙乾坤功、太乙元功等功法，不胜枚举。此派过于庞杂，诸技差异太大，请读者自行选学。

太乙，又称太一、泰一，本是哲学概念，后发展成星名、神名，乃至今天的拳名。

单从武术上讲，冠名“太乙”，主要用来昭示本派特色，有所谓“内含本元大道，是为真功秘技，自然生发灵力，可以解险扶危”之说。太乙一派，根在道家，宗于玄门，境界高妙，令人神往，暗藏玄机，令敌难测。

本章分筋错骨手，采自太乙诸派，技法全面，实用高效。

一、顺水推舟

【实战分解】

1. 敌方右脚上步，右拳崩击我方脸部。我方向后滑步，沉身后坐，成左虚步；同时，左掌右划，用掌缘格击敌方右前臂外侧。（图4-1）

图4-1

2. 随即，我方左掌贴住敌方右臂向下捋压，左脚前移，右腿蹬劲成左弓步；同时，右掌前伸托住敌方下颌，猛然向上抖劲推击。（图4-2）

图4-2

二、降龙伏虎

【实战分解】

1. 敌方右脚上步进身，右拳冲击我方脸部。我方向后滑步，沉身后坐；同时，右掌前起，掌外沿发劲，拦格敌方右前臂。（图4-3）

图4-3

2. 不停，我方右掌乘机捋抓其右腕，顺势拧拉其臂，随之，右脚外展，上体右旋；同时，我方左手按住敌方右肩，猛然抖劲压扭，震击其肩关节，致其肩伤就擒。（图4-4）

图4-4

三、青蛇弄球

【实战分解】

1. 敌方右脚上步，右拳冲打我方脸部。我方右脚退步，重心后移；同时，左掌上挑，用掌背弹格敌方右臂。（图4-5）

图4-5

2. 随即，我方左掌贴住敌方右臂向前下压，右腿蹬劲成左弓步；同时，右掌从敌方右侧穿过，右前臂拦贴敌方右颈侧。（图4–6）

图4–6

图4–7

3. 不停，我方右脚前滑一步，立身而起；同时，右臂缠抱敌方颈部，左手夹劲相合，挟住之后两臂猛然提抖。（图4–7）

四、霸王搓球

【实战分解】

1. 敌方右脚上步，右拳崩击我方脸部。我方向后滑步，沉身后坐，成左虚步；同时，右掌上挑，用掌背拦格敌方右臂外侧。（图4-8）

图4-8

2. 随即，我方右脚上前，落于敌方右脚外侧绊住；同时，右掌顺势前穿，掌心托住敌方下颌，左掌上移，按住敌方后脑。（图4-9）

图4-9

3. 不停，我方左手扒住敌方后脑勺回拉，右掌托住敌方下颌前搓，大力扭转。（图4–10）

图4–10

五、天王托塔

图4–11

【实战分解】

1. 敌方右脚上步，右拳崩击我方脸部。我方向后滑步，沉身后坐，成左虚步；同时，右掌前挑，用掌背拦格敌方右臂。（图4–11）

2. 不停，我方右掌外旋，扣抓敌方右掌，旋拧下拽，右腿蹬劲成左弓步；同时，左掌向前托住敌方右肘，两手交错用劲。（图4-12）

图4-12

六、樵夫砍柴

【实战分解】

1. 敌方右脚上步进身，右拳崩击我方脸部。我方向后滑步，沉身后坐，成左虚步；同时，右掌前挑，用掌背拦格敌方右前臂外侧。（图4-13）

图4-13

2. 我方右掌外旋，扣抓敌方右腕，向后拽拉；同时，右脚外展，上体右旋，将敌方右臂拉直之际，左掌砍击敌方右上臂，创其肱骨，连伤臂筋。（图4–14）

图4–14

七、霸王拍案

图4–15

【实战分解】

1. 敌方左脚前移，右脚正蹬我方胸部。我方侧闪，右臂见机抄抱敌方右脚跟，横于胸前，用肘弯紧紧兜夹住；同时，举起左掌，蓄势待发。（图4–15）

2. 不停，我方右臂夹住敌方右脚跟上抬；同时，左掌猛劲拍砸敌方右膝，伤其膝盖，致其歪倒。（图4-16）

图4-16

八、积雪压枝

图4-17

【实战分解】

1. 敌方右脚上步，右拳冲击我方脸部。我方向后滑步，重心后移，沉身后坐，成左虚步；同时，右手上挑，用掌外沿拦格敌方右臂，使其拳劲向右偏移。（图4-17）

2. 不停，我方左脚前移，右腿蹬劲，成左弓步；同时，右掌继续推按敌方右臂，使其右拳移至我方左肩之上。紧接着左掌上起，用左前臂压在敌方右肘之上，猛然抖劲下沉，分错敌方肘节。（图4-18）

图4-18

九、采和挎篮

【实战分解】

1. 敌方左脚上步，左拳冲击我方脸部。我方向后滑步，沉身后坐，成左虚步；同时，右掌上挑，用掌背拦格敌方左臂内侧。（图4-19）

图4-19

2. 随即，我方右掌旋腕，扣抓敌方左腕下带；同时，左脚上于敌方左脚外侧，向右旋体成横裆步，左手从敌方左臂下穿过，用肘弯提挎敌方左肘之后。（图4-20）

图4-20

图4-21

3. 不停，我方右脚前滑，立身而起；同时，右手握住敌方左腕下按，左臂猛劲上挎敌方肘部，轻则致其疼痛失力，重则致其脱臼而残。（图4-21）

十、神将扛刀

【实战分解】

1. 敌方右脚上步，右拳崩击我方头部。我方向后滑步，沉身后坐，成左虚步；同时，右掌上挑，拦格敌方右臂外侧。（图4-22）

图4-22

图4-23

2. 不停，我方右掌外旋，扣抓敌方右腕，左手紧随，两手合劲抓握，随之，右脚插步，进于敌方右脚内侧。紧接着向右转身，两手牵住敌方右臂，扛于我方左肩。最后，向前俯身，两手下搬敌腕，左肩上扛其肘。（图4-23）

十一、青蛇捕食

【实战分解】

1. 敌方右脚上步，右拳冲打我方脸部。我方向后滑步，沉身后坐，成左虚步；同时，左掌上挑，拦格敌方右臂。（图4-24）

图4-24

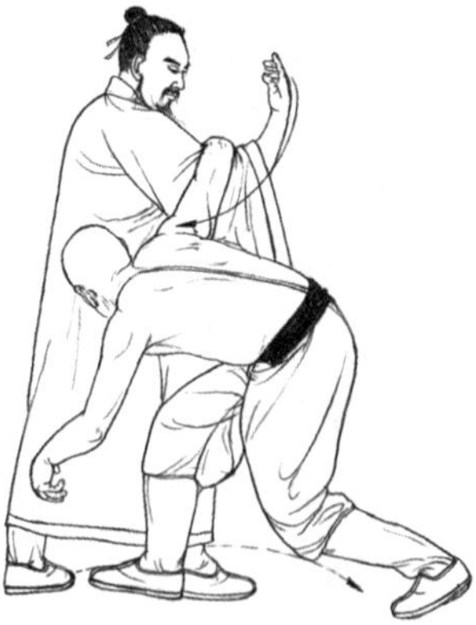

图4-25

2. 随即，我方左掌旋腕，扣抓敌方右腕；同时，右脚前跨，落于敌方右脚之后，右手穿过敌方右臂，屈肘上挎。（图4-25）

3. 不停，我方左脚上于敌方身后，顺势向右转体；同时，左手紧握敌方右腕，随转体将之扭按于后，右掌按于敌方右肩后侧，右前臂上抬，撬别敌方右肩，致其跪地就擒。（图4–26）

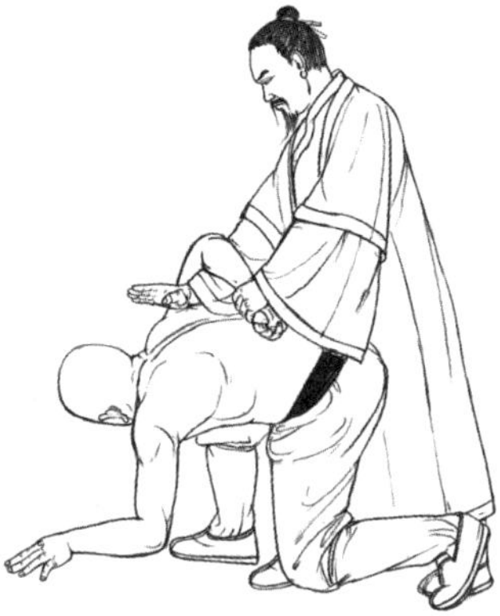

图4–26

十二、白虎拦路

【实战分解】

1. 敌方右脚上步，左拳冲击我方脸部。我方右脚后退，重心右移，向右旋身；同时，左掌旋格敌方左腕内侧。（图4–27）

图4–27

2. 随即，我方右腿蹬劲，成左弓步；同时，右前臂向前格贴敌方左肘。紧接着两手向里猛然合劲，如剪钳一般，分错敌方肘节。（图4-28）

图4-28

十三、樵夫伐木

【实战分解】

1. 敌方左脚前移，右脚正蹬我方胸部。我方右手迅疾抄抱，接敌右腿，屈右臂用肘弯兜夹敌方右脚；左手举起待发。（图4-29）

图4-29

2. 不停，我方右臂夹住敌腿上抬；同时，左掌变拳，猛劲下砸敌方右大腿，伤其股骨，致其倒地。（图4-30）

图4-30

十四、倒打金钟

【实战分解】

1. 敌方右脚上步，右拳冲打我方脸部。我方右脚后撤，重心右移，上体右旋，成右横裆步；同时，左前臂横格敌方右腕外侧。（图4-31）

图4-31

2. 不停，我方左脚前移，绊住敌方右腿，右腿蹬劲，成左弓步；同时，左肘向前顶击，右手按推左拳助势，对准敌方右肋，以打法快劲断其软肋。（图4-32）

图4-32

十五、艄公摇橹

【实战分解】

1. 敌方右脚上步，右拳栽击我方腹部。我方左脚后撤，避过敌方右拳锋芒；同时，右手抓按敌方右腕，左手抓按敌方右上臂。（图4-33）

图4-33

2. 不停，我方右脚外摆，上体右旋，将敌方右臂横于我方腹前。紧接着左腿屈膝上提，撞击敌方右肘关节，同时两掌下按配合。（图4-34）

图4-34

十六、刘海捉蛇

【实战分解】

1. 敌方右脚上步，右拳崩击我方脸部。我方撤步，重心后移，两腿屈膝，成右虚步；同时，右掌上挑，用掌背拦格敌方右臂。（图4-35）

图4-35

2. 不停，我方右掌旋腕，扣抓敌方右腕。紧接着我方右脚上步之际，左脚向敌方身后猛跨一步；同时，右手抓住敌方右腕随上步旋拧其右臂，拽拉至敌方身后，大幅上提。（图4–36）

图4–36

十七、拉客过堂

【实战分解】

1. 敌方右脚上步，右拳崩击我方脸部。我方向后滑步，重心移于右腿，沉身后坐，成左虚步；同时，左掌向上拦格敌方右拳。（图4–37）

图4–37

2. 随即，我方右掌上起，与左手合劲，抱握敌方右拳。（图4–38）

3. 不停，我方右脚后撤一步，左膝半蹲，右膝沉跪；同时，两手握住敌方右拳，猛然下拉压卷，折其腕骨。（图4–39）

图4–38

图4–39

十八、赵云盘枪

【实战分解】

1. 敌方右脚上步，右拳冲击我方脸部。我方向后滑步，避躲敌拳，左掌上挑，格敌右腕。（图4-40）

图4-40

图4-41

2. 随即，我方左掌旋腕，扣抓敌方右腕；同时，右脚向敌方右腿后侧上步，右掌前伸，右前臂拦于敌方腰后。（图4-41）

3. 随即，我方左脚从自己右脚后侧插步，落于敌方左脚后外；顺势左转身，左手紧抓敌腕，拉至敌方腰后。（图4-42）

图4-42

图4-43

4. 不停，我方右手配合，抓握敌方右手。两手猛地向上拉转，反扭敌方肩关节。（图4-43）

十九、牵牛过桥

【实战分解】

1. 敌方右脚上步，右拳崩击我方胸部。我方向后滑步，避过敌拳锋芒；同时，左掌前挑，拦格敌方右腕。（图4-44）

2. 随即，我方左掌外旋，扣抓敌方右腕，向外旋拧；左脚前滑，身体立起。（图4-45）

图4-44

图4-45

3. 随即，我方左手边拧边上提敌腕，使其腕、肘、肩三处关节皆向外旋转。（图4-46）

4. 不停，我方左手突然下抖，猛拽敌方右腕，致其肩脱筋伤。单手擒拿，冷劲难防。（图4-47）

图4-46

图4-47

二十、拦腰搬笋

【实战分解】

1. 敌方右脚上步，左拳冲击我方胸部。我方左脚后撤；同时，右掌拍格敌方左腕。（图4-48）

图4-48

2. 随即，我方右掌旋抓敌方左拳，拇指锁其左手合谷穴，四指扣入其掌心旋拧前推，使敌五指张开；同时，左手抓托敌方左肘。（图4-49）

图4-49

3. 不停，我方右手紧抓敌方左手，外搬下推；同时，左手紧抓住敌方左肘，里搬上推。（图4-50）

图4-50

二十一、顺手牵羊

【实战分解】

1. 敌方右脚上步，右拳冲击我方脸部。我方向后滑步，避过敌拳，两掌上挑，拦格敌方右臂。（图4-51）

图4-51

2. 随即，我方两掌顺势扣抓敌方右腕，用劲旋拧。（图4-52）

图4-52

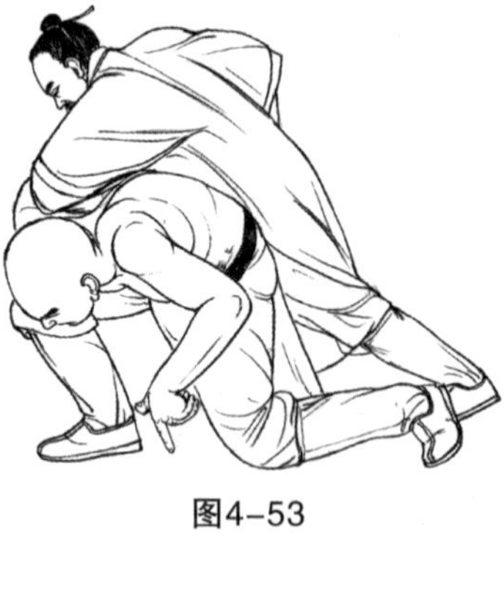

图4-53

3. 不停，我方右手紧扣住敌方右腕，向我方右腰后侧旋拧拽拉；同时，左肘压住敌方右肩后侧，发劲震击，伤其肩筋，将其擒伏。（图4-53）

二十二、青蛇缠枝

【实战分解】

1. 敌方右脚上步，右拳冲打我方脸部。我方向后滑步，沉身后坐，成左虚步；同时，右掌上挑，用掌背拦格敌方右臂。（图4-54）

图4-54

2. 随即，我方右掌外旋抓住敌方右腕，向下拉拽；同时，左手缠绕，从敌方右臂内侧向下，再向上穿过其上臂后侧，以掌背贴住敌方右肩。（图4-55）

图4-55

3．不停，我方右脚插步，进至敌方左脚后侧；同时，左掌猛劲按压敌方肩后，右手紧抓敌腕，反扭至其身后。两手合力，大幅用劲，错其肩节，将其擒拿。（图4–56）

图4–56

二十三、白蛇弄草

【实战分解】

1. 敌方右脚上步，右拳崩击我方脸部。我方向后滑步，沉身后坐，成左虚步；同时，右掌上挑，拦格敌方右腕。（图4–57）

图4–57

2. 敌方右手突然内旋，抓扣我方右腕。（图4-58）

3. 我方左手迅疾前伸，捕抓敌方右手背，紧紧扣压；同时，右手向上、向外、向下反锁敌方腕部，以擒制擒，分筋错骨。（图4-59）

图4-58

图4-59

二十四、巧匠削竹

【实战分解】

1. 我方右手刚出，即被敌方左手抓住手腕。（图4-60）

2. 我方左掌速出，猛劲向下削切敌方左腕，右手上别助劲，破其擒拿。（图4-61）

图4-60

图4-61

二十五、仙人拱手

【实战分解】

1. 敌方右脚上步，右拳砸打我方脸部。我方左脚后撤；同时，右掌上挑，拦格敌方右腕。（图4–62）

2. 随即，我方右手旋指，扣抓敌方右腕。（图4–63）

图4–62

图4–63

3. 不停，我方左手上伸抓握敌方右手背。两手合劲下折，错其腕节。（图4-64）

图4-64

二十六、虎口拔牙

【实战分解】

1. 敌方右脚上步，右拳崩打我方脸部。我方向后滑步，仰身避过敌拳；同时，左掌上削，以掌外沿拦格敌方右腕。（图4-65）

图4-65

2. 随即，我方左掌贴住敌腕转指，掌心托住其右腕；同时，右掌前搓，虎口叉住敌方右手拇指。（图4-66）

3. 不停，我方右手紧握敌方拇指，向前冷劲推折。（图4-67）

图4-66

图4-67

二十七、浪子踢球

【实战分解】

1. 敌方左脚上步，右拳冲击我方脸部。我方向后滑步，左掌上挑，用左腕拦格敌方右臂内侧，阻截敌方拳击。（图4–68）

2. 不停，我方左掌向前一推敌臂，右脚顺势踩踢，脚跟发劲，对准敌方左脚外踝，伤其关节，致其脚损。（图4–69）

图4–68

图4–69

二十八、青龙搅海

【实战分解】

1. 敌方右脚上步，右拳冲击我方脸部。我方向后滑步，左掌上挑，用掌背拦格敌方右臂内侧，阻截敌方拳击。（图4–70）

2. 随即，我方急速收提左脚，踹击敌方右膝，大力踩劲，错其关节。（图4–71）

图4–70

图4–71

第五章

洪门分筋错骨手（四十九手）

武当洪门，是一门比较古老的传统内家拳，现主要流传于湖北、四川等地，具有独特鲜明的区域特色。

武当派洪门拳，其拳路常以“手”为名，如洪门手、老君手、青龙手、武松手、六合手、七星手、九宫手、刚手、滚手、卸骨手、打穴手等。

洪门既能拳打脚踢，可放长击远，也能卸骨撕筋，近身短打。其招法实用，手法丰富；以气催力，以声助威；硬桥硬马，劲刚势猛。故有“洪门一头牛，打死不回头”之说。

今即选其分筋错骨手，详细介绍出来，献于读者研习。

一、霸王敬酒

【实战分解】

1. 敌方进身，从正面用右手抓住我方胸襟。（图5-1）

图5-1

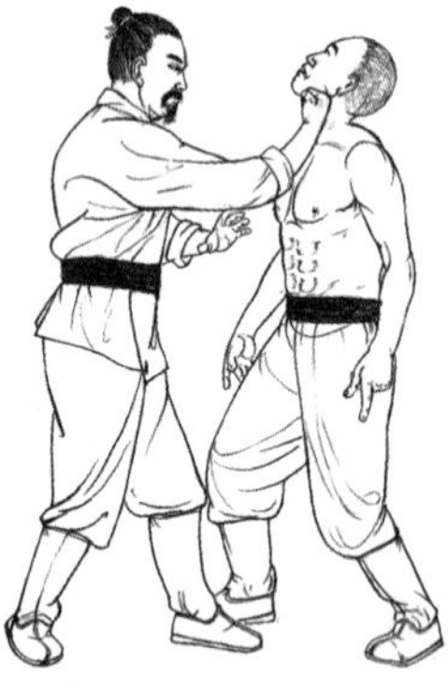

图5-2

2. 我方迅疾用左前臂向下压砸敌方右前臂；同时，右拳向前上撞击敌方左侧颌骨，致其下颌错位。以打破拿，分筋错骨。（图5-2）

二、双峰贯耳

【实战分解】

1. 敌方左步上进，用左拳击打我方腹部。我方吞身收腹；同时，两手向前按压敌方左拳，阻截其劲。（图5-3）

图5-3

图5-4

2. 不停，我方两掌向下抖劲震落敌方左拳之际，左步迅疾前进，两掌变拳向前贯击敌方下颌，致其巨疼，伤其颌节，损其筋脉。（图5-4）

三、黄莺掐嗉

图5-5

【实战分解】

1. 敌方左脚进步，两拳同时向我方耳部夹击。我方迅疾沉身，两掌外分，格截敌方两前臂内侧，阻截敌方拳击。（图5-5）

图5-6

2. 不停，我方两臂外压敌方左臂之际，略向左旋，右拳迅疾侧勾，击打敌方左颌，错其下颌，致其昏晕。（图5-6）

四、农夫拧瓜

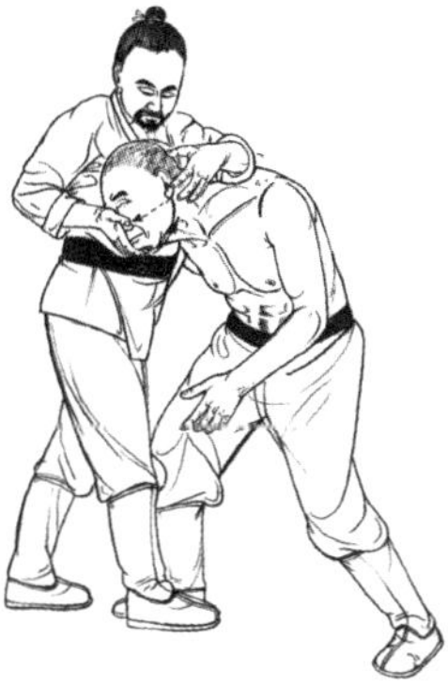

图5-7

【实战分解】

1. 敌方右脚进步，突然俯身，向我方腹部冲来，欲行搂抱。我方右手迅疾托挡敌方右脸，不让其得手，左手伸向敌方脑后。（图5-7）

图5-8

2. 不停，我方左手顺势扒住敌方口鼻，向左拉转，右手也向左推旋助劲，合力拧扭，错其脖颈。（图5-8）

五、青龙缠碑

图5-9

【实战分解】

1. 敌方右步上进，左拳崩打我方脸部。我方向后撤步；同时，右手前挑，格阻敌方左腕，阻截敌劲。（图5-9）

图5-10

2. 随即，我方右手旋腕扣抓敌方左腕；同时，左脚上步，左臂向前提挎敌方左肘，致其伤痛。（图5-10）

3．不停，我方左臂前伸，左掌压住敌方左肩下按；同时，右脚向前上步，向左转体，右手紧抓敌方左腕猛劲旋提，卸脱敌方左肩。（图5-11）

图5-11

六、黑鹰捉蛇

【实战分解】

1．敌方左脚上步，左拳击打我方胸部。我方后撤，吞身躲避之际，左手前划，用掌心按压敌方左拳。（图5-12）

图5-12

2. 不停，我方左手扣抓敌方左腕，顺势拧拉，右脚上步于敌左后；同时，向左转身，右掌扣按敌方左肩后侧，拇指在里，四指在外，用劲抠捏其肩节骨缝，致其筋伤骨损，疼痛失力。（图5-13）

图5-13

图5-14

七、山蛇钻洞

【实战分解】

1. 敌方左脚上步，左拳击打我方胸部。我方退步，向左侧身，用左手抓住敌方左腕，顺势向左拧带。（图5-14）

2. 不停，我方右脚前移半步，右手屈指成拳，向前上顶击敌方左腋窝；同时，左手猛劲旋拧其左腕下拉，两劲对挣，卸脱敌方左肩。（图5-15）

图5-15

图5-16

八、霸王卸甲

【实战分解】

1. 敌方仗势挺胸，向我紧逼而来。我方两手应急，向前抓插敌方两肋之梢；右脚跟提起，灵巧待变。（图5-16）

2. 随即，我方右脚跟落地，身体右转，左手穿过敌方右腋，用掌指扣压敌方右肩后侧。（图5–17）

图5–17

图5–18

3. 不停，我方右手向上锁扣敌方右颈，向下按压；同时，上体前倾，左手按压敌方右肩，左肘高抬扛顶敌方右上臂，扭伤其肩节脖筋。（图5–18）

九、关公舞刀

【实战分解】

1. 敌方右步上进，右拳冲击我方脸部。我方向后滑步，左掌向前拦截敌方右拳。（图5–19）

图5–19

2. 随即，我方左手旋抓敌方右腕，右脚上步于敌方右脚外侧；同时，右手上伸，绕过敌方右臂抓其右腕，向左旋身，两手将敌右臂举于头顶。（图5–20）

图5–20

3. 不停，我方两手同时向前、向下拉拽，将敌方右肘担于我方右肩，用劲扛顶，大幅折别。（图5-21）

图5-21

图5-22

十、巨蟒回身

【实战分解】

1. 敌方从我方身后伸右手抓住腰带（或裤腰），意欲不轨。（图5-22）

2. 我方迅疾用右手从右下反扣敌方右腕，左脚后摆；同时，身体猛然左转，左肘绕至敌方右臂外侧，以左前臂向右别住敌方右肘。（图5–23）

图5–23

图5–24

3. 不停，我方右脚后摆，身体猛然向右拧转，左肘旋压，折其右肘，致其前扑。紧接着上身下俯，顺势以左肘顶压其右肩，再扭其右肩。先分肘，后错肩，彻底摧毁敌方战斗力。（图5–24）

十一、山鸟扑地

图5-25

【实战分解】

1. 敌方右步上进，右拳冲打我方脸部。我方头部迅疾右闪，避过敌方右拳；同时，右掌向左推敌右前臂，左掌按住敌方右上臂外侧。（图5-25）

图5-26

2. 随即，我方右脚从左脚后侧向左插步；同时，向右后转，用左前臂格压敌方右上臂外侧，肘尖压住敌方右腋后。（图5-26）

3. 不停，我方左脚后摆，扫绊敌方右腿；同时，右手抓住其肘后扳，上体前俯，左臂压其右臂沉沉砸下，左肩挤靠助劲，致其前扑倒地。继续用力，大幅分错，其肩即脱。（图5-27）

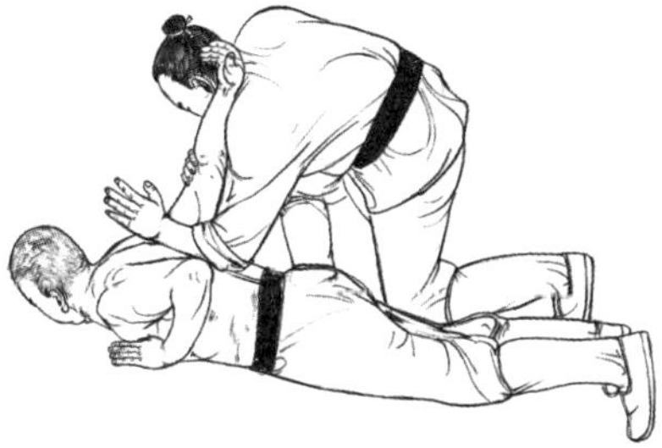

图5-27

图5-28

十二、旱地拔葱

【实战分解】

1. 敌方左步上进，右拳冲打我方脸部。我方身略后吞，上翻左手，格阻敌方右臂内侧。（图5-28）

2. 随即，我方左掌旋腕扣抓敌方右前臂；同时，右脚上步于敌方左脚内侧，右手也抓敌方右前臂。向左转体，两手合力拉拽，配合右肩顶劲，将敌扛起。（图5-29）

图5-29

3. 不停，我方将敌方前摔在地。紧接，用右脚蹬踩敌方右腋窝，两手拉敌方右臂不松，脚蹬手拉，两劲挣抖，扯脱敌方右肩关节。（图5-30）

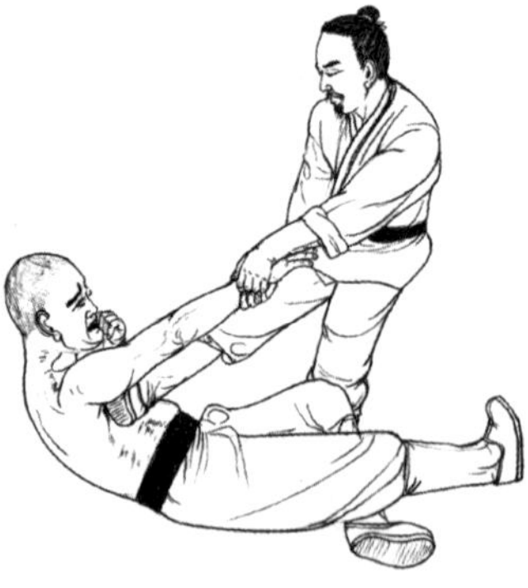

图5-30

十三、碧水扬帆

图5-31

【实战分解】

1. 敌方滑步进身，左拳上勾我方脸部。我方略左偏移，右掌向前上推敌方左肘，使敌拳上扬，失去攻击力。（图5-31）

图5-32

2. 随即，我方向右转体，左手上伸，捕抓敌方左腕。（图5-32）

3. 不停，我方右脚前移；同时，左手抓拧敌方左腕推折向其左肩，右手猛推其左肘，使其上扬，以此来拉伤其左肩韧带。（图5-33）

图5-33

十四、湘子横笛

【实战分解】

1. 敌方右脚进步，右拳击打我方脸部。我方上体略向右转之际，右掌向左拍捋，致敌方右拳至我方左肩前侧。（图5-34）

图5-34

2. 不停，我方右掌猛然按住敌方右拳，控制在我方左肩之上，身向后撤将敌方右臂拉直。紧接着身体向右转，左前臂猛劲格击敌方右肘外侧。（图5-35）

图5-35

十五、金剪截枝

图5-36

【实战分解】

1. 敌方右步上进，右拳崩打我方脸部。我方迅疾撤步，右拳内裹，拦格敌方右前臂内侧，化解敌方拳击。（图5-36）

2. 不停，我方右腕内勾，右手抓拉敌方右腕，紧贴我方右肩前侧。紧接，左脚上步，绊住敌方右腿前侧；身体右旋，左前臂旋格敌方右上臂外侧，折其右肘。（图5–37）

图5–37

3. 我方如果继续向右旋格，左腿绊挡配合，可致其前栽而倒，肘关节受伤更重。

十六、鸾凤合鸣

图5–38

【实战分解】

1. 敌方左步上进，左拳向我方头部劈击。我方速抬右手，架挡敌方右腕，阻截敌方拳击。（图5–38）

2．不停，我方右手抓拿其左腕，向右后下按，右脚向右斜摆一步；同时，左手从敌方左臂外侧向上按住自己右手。两手合劲向右下按，搬别其左前臂，左臂兜住敌方左肘以控势增劲，其肘关节受重压而超限度，必被制服。（图5-39）

图5-39

图5-40

十七、天王托塔

【实战分解】

1．敌方进身，用右手抓住我方右腕，意欲攻击。（图5-40）

2. 我方迅速抵抗，右掌向左上旋，反抓敌方右腕；同时，左脚前滑，左手上托敌方右肘，两手猛劲错动，伤折其肘关节。（图5-41）

图5-41

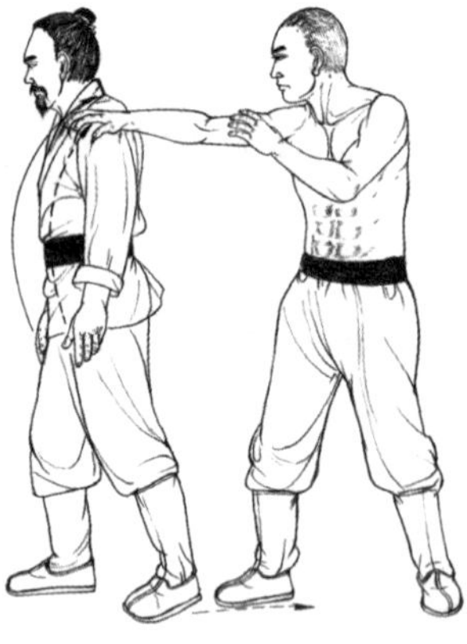

图5-42

十八、白猿背人

【实战分解】

1. 敌方从身后用右手抓住我方左肩，准备擒拿。（图5-42）

2. 我方迅疾用两手向上抓握敌方右手掌及腕部，猛向前下拉拽，使其松脱下落。不停，我方左肩顺势担住敌方右肘，猛然上顶，两手下拽相助，两下交错争劲，将其右肘折断。如敌身高，就要立身发劲，以免力量不足，致敌肘逃脱。（图5-43）

图5-43

图5-44

十九、老鹰旋风

【实战分解】

1. 敌方向我方左侧靠近，伸出右手从我方后背绕过，搂搭我方右膀，左手抓住我方左臂，意欲不轨。（图5-44）

2. 我方右手迅疾曲臂扣按敌方右腕；同时，左手经敌身前，绕其身后向上往下，用前臂猛劲劈砸敌方右上臂，左肩上扛助力，致其疼痛而前扑，并伤折其右肘，伤扭其肩筋。（图5-45）

图5-45

图5-46

二十、黑熊晃膀

【实战分解】

1. 敌方右步前滑，突然伸出右手抓住我方胸襟。我方迅疾用右手扣按敌右掌背，致其先行迟滞。（图5-46）

2. 不停，我方右脚后退一步，将其右臂拉直，随即，左脚上步于敌方右脚后侧；身体右转，用左肩向前靠击敌方右肘，折损其肘，致其疼痛失力。我即解脱。（图5–47）

图5–47

二十一、黑熊转身

【实战分解】

1. 敌方从我方身后用右手抓住我方右肩。我方迅疾用右手反抓其右掌背。（图5–48）

图5–48

2. 随即，我方上体左旋，将敌方右臂拉直；同时，左掌向上托住敌方右上臂前侧，或托住敌肘。敌方见我方擒拿，用力沉肘抵抗。（图5-49）

图5-49

图5-50

3. 不停，我方左臂从敌方右臂上侧穿过，左肘压住敌方右肩膀，左肩上扛其右肘，上体向右旋俯，轻则致其关节疼痛，前跪欲倒，重则致其肘错肩脱，昏瘫在地。（图5-50）

二十二、蝙蝠扑地

【实战分解】

1. 敌方左脚进步，右手撩抓我方裆部。我方两脚迅疾后滑，右手向前下伸，接抓敌方右手。（图5-51）

图5-51

2. 随即，我方右脚后撤，右手猛然向后下拖敌方右臂，使敌方前扑欲倒。紧接，我方左脚前进，向右俯身，左掌拍压敌方右上臂，致其卧伏于地。（图5-52）

图5-52

3. 不停，我方左脚迅疾向左跨过其右臂；左手抓敌右腕，与右手合劲拧旋其右臂，左膝后收上提，抵压敌方右肘。（图5-53）

图5-53

二十三、太公抱拳

【实战分解】

1. 敌方左脚上步，右拳劈击我方脸部。我方迅疾撤步；同时，左手向前上反划，抓住敌方右拳。（图5-54）

图5-54

2. 不停，我方左手猛然抖劲旋拧，致敌方右拳向外翻转，手心向上。紧接，我方右脚上步；同时，起右手抓住敌方右手，两手合劲抱折，伤其右腕，重则错位。（图5-55）

图5-55

二十四、老道驯牛

【实战分解】

1. 敌方左脚上步，左拳反劈我方脸部。我方迅疾撤步，用右手向上推抓敌方左腕。（图5 56）

图5-56

2. 随即，我方左脚上步于敌方左脚外侧，向右旋身之际，左手抓住敌方左前臂，两手合劲，向右上牵拉敌方左臂。（图5-57）

图5-57

图5-58

3. 不停，我方两手突然变劲，急向前下拧旋，两手发劲，扭伤敌方左臂。（图5-58）

二十五、金豹转身

图5-59

【实战分解】

1. 敌方突然从身后用右手抓住我方头发，欲使擒拿。（图5-59）

图5-60

2. 我方右脚急速后进，身体下蹲，向右转身；同时，双手向上扣拿敌方右手掌，拇指插入敌方掌心，四指握其掌背。（图5-60）

3. 不停，我方身体继续右转，至与敌方相对时，右脚退步，左脚向前进步，立起身体，双手合劲背屈其手腕，反折擒拿。以擒破擒，分筋错骨。（图5-61）

图5-61

二十六、金鸡点头

【实战分解】

1. 敌方左步上进，由正前方伸出右手，抓住我方头顶的头发，欲向下拉制我方。（图5-62）

图5-62

2. 我方两手迅疾扣按敌方右掌背，随之，右脚后撤一步，屈膝蹲身，上身前俯。两手向下折拉敌方右腕，致其骨错筋滚，疼痛难忍。（图5-63）

图5-63

二十七、青蛇缠藤

【实战分解】

1. 我方右手刚出，右腕即被敌方双手抓拿。（图5-64）

图5-64

2. 我方右手翻腕勾住敌方左腕，右转身，进左步；同时，左手由下向外，从敌方左前臂下，经外侧向上屈肘缠绕。使左肘弯向上裹住其左前臂，左手绕至胸前按住其左掌背，指头下勾扣住其左手拇指侧。（图5-65）

图5-65

图5-66

3. 不停，步位不变，上体拧腰左转；同时，两手协同动作，乘势将敌方左掌向左扳转，迫使其腕向外旋扭，关节超限。（图5-66）

二十八、麻姑道福

图5-67

【实战分解】

1. 敌方从正面用右手抓住我方胸襟。我方迅疾用双手封压敌方右掌。（图5-67）

图5-68

2. 不停，我方右脚后滑，上体前俯，双手合劲，背屈敌方手腕，猛劲下挫前压。（图5-68）

二十九、虎口拔牙

【实战分解】

1. 两人右手互握，虎口相交。而敌方有意挑衅，紧扣我方手掌。（图5-69）

图5-69

2. 我方快速反击，趁对方使劲下压时，立即松开手指，坐腕翘掌，拇指向里扣勾，缠压对方拇指根节外侧；同时，中指、食指屈指内扣，压其拇指上部。随即发劲，紧缠敌方拇指，手掌内旋，向前下压，反撬其拇指根节，将其擒伏。（图5-70）

图5-70

三十、丹凤朝阳

【实战分解】

1. 敌方上步进身，左脚在前，右拳向我方头部劈击而来。我方迅疾左前臂上抬，向外架挡。（图5–71）

图5–71

2. 随即，我方左掌翻腕外拦，向左扳别敌方右腕；同时，右脚向左前上步，右手从下向上扳别其右前臂，致其身势侧仰。（图5–72）

图5–72

3. 不停，我方乘其被动慌乱之时，右脚前滑，右手捕捉敌方右手食指或拇指，向外反折。（图5-73）

图5-73

三十一、老翁摇扇

【实战分解】

1. 敌方右脚进步，左拳冲击我方头部。我方速用右前臂格挡。（图5-74）

图5-74

2. 不停，我方右掌往外採手，翻腕抓握敌方手腕下压；同时，右腿插步，左脚随之进一步至敌方左脚前侧，左手自上往外向下抄绕敌方左臂，用腋部与肘部夹紧，左前臂上提别住其左肘关节，擒其难动。右手可再顺滑向下扣拿敌方左手食、中二指，往下反弓拉扭，配合左臂提劲，杀伤力更重。（图5-75）

图5-75

三十二、祥云托月

【实战分解】

1. 敌方右脚上步，右掌向我方胸部推来。（图5-76）

图5-76

2. 我方后发先至，速抬右手，从左向右反抓敌方右手掌指，向外拧转，使其疼痛。随即变劲，突然坐腕，向下压卷敌方手指。（图5–77）

图5–77

三十三、猿公搬柱

【实战分解】

1. 敌方右步上进，右拳冲打我方头部。我方速退，右腿在前，屈膝下蹲，避开敌方拳击。（图5–78）

图5–78

2. 不停，我方刚一闪过，两脚急速滑进，左手揽抱敌方右膝弯回拉；同时，右拳（用中节拳突，更易突入）猛力击打敌方右腿胯缝，连续抖震，致其髋节伤脱，敌不倒不止。（图5-79）

图5-79

三十四、仙子踢莲

【实战分解】

1. 敌方进身，左脚踹踢我方胸部。我方身体左闪；同时，右手抄抱，控制敌方左小腿。（图5-80）

图5-80

2. 不停，我方左脚垫步，猛起右脚，脚跟发力，蹬击敌方大腿根，致其瘫软倒地。（图5-81）

图5-81

三十五、神将驯马

【实战分解】

1. 敌方跨步进身，右蹬腿踢击我方胸部。我方向左侧身避腿；同时，用左手抄抱敌方右小腿。（图5-82）

图5-82

2. 不停，我方右脚上前一步，插入敌方左腿后侧绊住；同时，用右掌向左推敌方右膝内侧，使其失衡向后摔倒，顺势扭伤其右髋关节。（图5-83）

图5-83

三十六、真武摇橹

【实战分解】

1. 敌方垫步进身，右蹬腿踢击我方胸部。我方迅速后挪，避过敌腿锋芒；同时，右臂上抄，兜接敌方右脚。（图5-84）

图5-84

2. 不停，我方右脚前垫，左脚前上一步，绊于敌方左脚外后，上体随即右旋，左掌根乘势发劲，震击敌方右腿髋节骨缝，致其腿伤栽地。（图5-85）

图5-85

三十七、霸王踹鼎

【实战分解】

1. 敌方进步，右脚踢击我方腹部。我方左脚撤步，右膝迅疾上提，用膝外侧向前挡击敌方右小腿外侧；右手外勾其腿助劲。（图5-86）

图5-86

2. 不停，我方右手突然后带，右腿迅速伸膝，猛劲铲击敌方左腿胯根，致其骨错筋滚。（图5-87）

图5-87

三十八、马踏残阳

【实战分解】

1. 敌方垫步进身，右蹬腿踢击我方胸部。我方向后挪身，用右臂兜夹敌方右小腿。（图5-88）

图5-88

2. 随即，我方左脚上步，绊住敌方左脚前外，身体向右拧转；同时，左掌顺势按推敌方大腿外侧，右手后拉，左胯挤靠，合劲致其前栽倒地。（图5–89）

图5–89

图5–90

3. 不停，我方双手抓住敌方右脚后拽，左脚猛踩敌方左髋骨缝内侧，上拉下蹬，相互挣劲，致其节损筋伤。（图5–90）

三十九、仙童脱靴

【实战分解】

1. 敌方跨步进身，左腿蹬踢我方胸部。我方速用右臂向前捞接敌方左腿。（图5–91）

图5–91

2. 不停，我方向右旋体，右手紧抱，向右后牵拉；同时，左掌按住敌方左膝关节内侧向外推压，致其左膝反撇扭折。（图5–92）

图5–92

四十、白马溅蹄

【实战分解】

1. 敌方垫步进身，左低蹬腿踢击我方腹部。我方迅疾后撤，向右偏身之际，左手下格，拦截敌方左小腿。（图5-93）

图5-93

2. 不停，我方右脚上前一步，抵住敌方右脚掌内侧；同时，向左转身，左臂兜住敌方左小腿，抱挟怀中，右拳重劲钻打敌方左膝外侧，致其膝盖伤脱。（图5-94）

图5-94

四十一、玄武踏浪

【实战分解】

1. 敌方右脚跨步，右拳冲打我方脸部。我方迅疾后移，右掌上提，向里裹劲，以掌棱格击敌方右前臂内侧，将其劲化开。（图5-95）

图5-95

2. 随即，我方左脚垫步，速起右脚勾踢敌方右小腿，使其右脚离地，摇摇欲倒。（图5-96）

图5-96

3. 不停，我方右脚顺势变劲，对准敌方左膝，迅疾向前蹬击，错其关节，致其伤倒。（图5-97）

图5-97

四十二、门前送客

【实战分解】

1. 敌方上步进身，猛起右腿蹬踢我方胸部。我方上身前倾，左臂迅疾捞抱敌方右小腿。（图5-98）

图5-98

2. 随即，我方左脚前移，右拳顺势冲出，猛击敌方脸部。先用打法，伤其面门，挫其锐气。（图5-99）

图5-99

图5-100

3. 不停，跟踪追击，我方右脚提起，对准敌方左膝，斜劲踩踏，错其膝节，致其歪倒。（图5-100）

四十三、回身观花

【实战分解】

1. 敌方左脚进步，顺势用左拳勾击我方下腹。我方速以左前臂下截其腕，向左外侧化开其劲。（图5-101）

图5-101

2. 不停，我方右脚上步于敌方左脚前外，左手向上反捞，挟住敌方颈部；同时，提起左脚踩击敌方左膝。（图5-102）

图5-102

四十四、走马活夹

【实战分解】

1. 敌方垫步进身，右腿踹击我方腹部。我方迅疾向右旋身，提起左膝向右横顶，撞击敌方右腿后侧，卸化其劲。（图5-103）

图5-103

2. 不停，我方左腿迅疾伸膝，踩击敌方左膝后外，致其失衡侧跌。（图5-104）

图5-104

四十五、倚马问路

【实战分解】

1. 敌方左脚上步，右拳冲打我方脸部。我方迅疾向后挪身，上抬左臂，架格敌方前臂。（图5-105）

图5-105

2. 不停，我方顺势提起右脚，向前猛劲踩蹬敌方左膝，致其巨疼失力。（图5-106）

图5-106

四十六、霸王跨马

【实战分解】

1. 敌方垫步进身，右腿踹击我方胸部。我方急速吞身，用左臂抄抱敌方右腿。（图5-107）

图5-107

2. 不停，我方两手抱住敌方右脚跟，右脚向前横踢，跨过敌方右大腿，臀部顺势下坐敌方右膝。两手抱劲，上搬相助，折敌膝节，致其后躺。（图5-108）

图5-108

四十七、逆水行舟

图5-109

【实战分解】

1. 敌方上步进身，左腿蹬踢我方胸部。我方上体右转，收腹含胸；同时，左臂外旋屈肘，以肘弯自下而上抄抱敌方左小腿，用劲夹紧；右掌顺势按其脚尖。（图5-109）

2. 不停，我方右腿后拉，身体右旋，左手内按勾住敌方左脚踝向里夹搬，右手握紧敌方脚尖向外推压，两手交错用劲，扭其脚腕。（图5-110）

图5-110

四十八、渔翁摇橹

图5-111

【实战分解】

1. 敌方垫步进身，右腿踹击我方脸部。我方急速后撤闪身；同时，用左臂兜其小腿，右掌推其右脚。（图5-111）

2. 随即，我方两脚跟右碾，上体左转下沉；同时，左手后滑托住敌方右脚跟，屈肘后带；右手抓握其右脚尖，用力控制，不让其逃走。（图5-112）

图5-112

3. 不停，我方身躯左转，左脚外摆；随转身之势，两手端住敌方右脚向外扭挫，右手推压其脚尖，左手扳扭其脚跟，使其身向左倾斜；与此同时，我方提起右脚蹬踩敌方左膝内侧，使其扭伤而跌，无力再战。（图5–113）

图5–113

四十九、懒龙卧道

【实战分解】

1. 敌方垫步进身，左腿侧踹我方腹部。我方迅疾右闪，使其踢空，顺势用左臂向外搂开敌方左腿。（图5–114）

图5–114

2. 不停，我方左腿屈膝全蹲，向左转身，两手向左按地；同时，右脚向前踩搓敌方右脚踝部。低腿暗劲，很难防御，致其脚伤，巨疼失力。（图5-115）

图5-115

第六章

八仙分筋错骨手（八手）

八仙门，武当内家秘门之一，其名取自“八仙”，其招模拟“八仙”。

所谓八仙，即传说中的道教八仙——铁拐李、汉钟离、张果老、吕洞宾、何仙姑、蓝采和、韩湘子、曹国舅，在民间流传有很多引人入胜的八仙故事。

八仙门分支不多，但单一的技法流传很多，如醉八仙、跌八仙、醉里跌八仙、八仙地躺拳、八仙过海拳、八仙戏枝拳、八仙剑、八仙连环腿、八仙追魂腿等，象形取义，动作优美，造型古朴，令人神往。

八仙擒拿，招法独特，精湛实用，分筋错骨，令敌束手。今整理几招，献于同道。

一、湘子摸瓜

【实战分解】

1. 敌方右脚上步，左拳冲击我方脸部。我方向后滑步；同时，左掌上挑，格挡敌方左臂外侧。（图6-1）

图6-1

2. 随即，我方左掌旋腕扣抓敌方左腕，向左后拉；同时，右脚上步，右掌掌外沿发劲，砍击敌方后颈。（图6-2）

图6-2

二、仙姑捧莲

图6-3

【实战分解】

1. 敌方右脚上步，右拳冲打我方脸部。我方向后滑步，左臂上挑，拦格敌方右前臂。（图6-3）

2. 随即，我方左脚前移，两掌掌根发劲，向前夹击敌方颌关节。（图6-4）

图6-4

三、国舅探路

【实战分解】

1. 敌方右脚上步，右拳冲击我方脸部。我方向后滑步，左掌上挑，用左前臂格挡敌方右腕。（图6-5）

图6-5

2. 随即，我方右脚跨上一步，左腿蹬劲，成右弓步；同时，右掌掌外沿发劲，劈砍敌方左锁骨，抖劲震击，致其伤残。（图6-6）

图6-6

四、果老扑驴

图6–7

【实战分解】

1. 敌方左脚上步，左拳冲击我方脸部。我方右脚迅疾向右外闪跨一步，向右偏身，避过敌拳。（图6–7）

图6–8

2. 随即，我方左掌向左上反划，抓住敌方左腕；同时，右脚上步于敌方左腿后侧，向左旋身，右掌砍击敌方左肩，先伤其肩关节。（图6–8）

3. 不停，我方继续向左旋身，左手拽住敌方左腕向左后旋拉，右掌推住敌方左肩后侧猛劲推按，致其扑跌于地，扭折其肩。（图6-9）

图6-9

五、采和砍樵

图6-10

【实战分解】

1. 敌方右脚上步，右拳冲击我方脸部。我方向后挪身，成左虚步；同时，右掌上甩，弹格敌方右前臂。（图6-10）

2. 随即，我方右掌外旋，扣抓敌方右腕；同时，向右转身，右手拉拽敌腕向右牵引，使敌方前扑。紧接着，左掌按压敌方右肘后侧，抖劲震击，重创其肘节。（图6-11）

图6-11

六、纯阳挥剑

【实战分解】

1. 敌方右步上进，左拳勾击我方下颌。我方向右闪身，上提左掌，用左前臂外侧格敌左肘，向外推劲，化开敌方拳击。（图6-12）

图6-12

2. 不停，我方右膝沉跪，右掌掌外沿发劲，斜砍敌方左肋。（图6-13）

图6-13

七、钟离伏虎

图6-14

【实战分解】

1. 敌方左脚前移，右脚蹬踢我方胸部。我方后撤一步；同时，右手抄抱，用肘弯兜挟敌方右小腿。（图6-14）

2. 不停，我方左脚向敌方左脚后侧进步，随之向右旋身，抡转敌方右腿；同时，用左前臂压击敌方右腿髋骨，抖劲震击，伤其腿筋。（图6–15）

图6–15

八、拐仙脱靴

图6–16

【实战分解】

1. 敌方右脚跨步，左脚蹬踢我方胸部。我方向后滑步，右掌托接敌方左脚跟，向右偏身，将其劲道引向右侧。（图6–16）

2. 不停，我方右手托敌左脚跟上提，左掌斜向敌方左膝砸推，抖劲震击，重创敌膝。（图6–17）

图6–17

第七章

岳家分筋错骨手（十二手）

本章招法源自南派岳家拳。岳家拳据说由宋代抗金名将岳飞所创，岳飞遇难后，其后人传入南方，称为南派。

岳家拳本为北少林武功，而传入南方后有所变化，一是刚中济柔，长中有短；二是桩法偏低，势架内敛，两脚有力；三是增益内劲，出手较重，实战性强。有所谓“少林岳拳势刚猛，南树一帜内家拳”。

岳家拳有一种练法，叫“裁手”，非常有名，即俗称的散手，有擒拿、点穴、拳脚等招法，注重技击，讲究单操，“久练自化，熟极自神”。

岳家分筋错骨手，即属“岳家裁手”，是一种注重擒拿的秘传散手，在技击时可以对敌锁扣叫拿，封穴闭气，折节断骨，擒制降服。今即试析数招，献于同道防身。

一、岳王问鼎

【实战分解】

1. 敌方左脚上步，左拳冲击我方脸部。我方向后滑步，向下沉身，左掌上挑，拦格敌方左臂外侧。（图7-1）

图7-1

2. 不停，我方左掌贴住敌臂下压，左脚上步于其左脚内侧；同时，右拳栽击敌方左耳根颌关节缝。（图7-2）

图7-2

二、顺手牵羊

【实战分解】

1. 敌方右脚上步，右拳崩击我方脸部。我方向后滑步，右掌上划，拦抓敌方右臂。（图7–3）

图7–3

2. 随即，我方借敌拳劲，顺势右转，向我方右后侧牵带敌方右臂；同时，左掌掌外沿切击敌方右上臂外侧，致其疼痛。（图7–4）

图7–4

3. 不停，我方继续向右转体，右手扣住敌方右腕旋拧后收，左掌按住敌方右上臂推压，伤其右肩关节，致其失衡前扑。（图7-5）

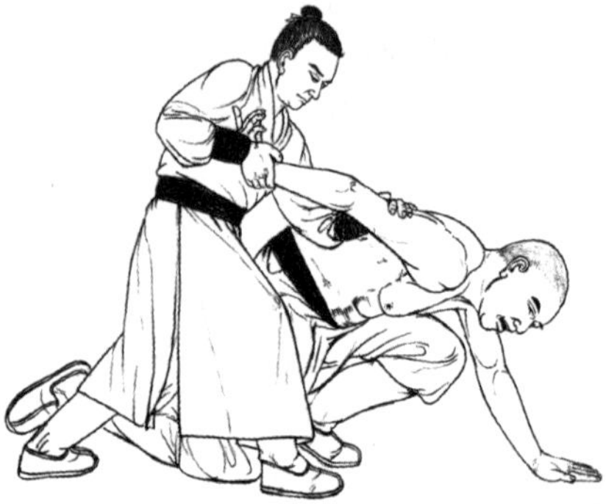

图7-5

三、牛皋扛刀

图7-6

【实战分解】

1. 敌方右脚上步，右拳冲击我方脸部。我方向后滑步，右掌上挑，拦格敌方右前臂外侧。（图7-6）

2. 随即，我方右掌旋腕扣抓敌方右臂，左手助劲，两手上举敌臂于我方头顶；同时，右脚上于敌方右脚后侧，上体左转。（图7–7）

图7–7

图7–8

3. 不停，我方下拉敌臂，扛于我方右肩，迅速向左转体，两手抖劲，重创敌方肱骨。（图7–8）

四、仙子挎篮

【实战分解】

1. 敌方左脚上步，左拳冲击我方腹部。我方向后滑步，避过敌方拳击；同时，右手以八字掌前叉，推压敌方左前臂。（图7-9）

图7-9

2. 不停，我方右手扣抓敌方左腕，猛向下拽；同时，滑步进身，左臂向前提挎敌方左肘，下拽上挎，扭折伤之。（图7-10）

图7-10

五、纵马挥刀

【实战分解】

1. 敌方右脚上步，右拳冲击我方脸部。我方向后滑步，避过敌拳锋芒；同时，右掌向上外划，掌棱发劲，拦切敌方前臂。（图7-11）

图7-11

2. 不停，我方右掌扣抓敌方右腕旋拧，向右转身，右手向右下拽拉；同时，左掌掌外沿发劲，砍击敌方右肘后侧，致其关节受损。一招两切，切臂为防，切肘为攻。拧腕切肘，擒中有打，直中有屈，错骨分筋。（图7-12）

图7-12

六、丹士打恭

图7–13

【实战分解】

1. 敌方右脚上步，右手抓住我方胸襟，意欲制我。（图7–13）

图7–14

2. 随即，我方上身急速后撤，两手同时抱按敌方右掌背，紧紧控制，不让其逃脱。（图7–14）

3. 不停，我方两腿迅疾屈蹲，上身猛然向前下压，反折敌方右腕，致其巨疼难忍，跪地就擒。（图7–15）

图7–15

图7–16

七、绣姑折芽

【实战分解】

1. 双方相遇，敌方右手抓住我方左腕。（图7–16）

2. 随即，我方急速用右掌按住敌方右掌背，紧紧固定。（图7-17）

图7-17

图7-18

3. 不停，我方右手四指抠起敌方右手小指，猛然翻手。（图7-18）

八、仙人擒蟒

【实战分解】

1. 敌方左脚上步，右腿蹬踢我方胸部。我方迅疾后撤，向左偏身，右手抄抱敌方右小腿。（图7-19）

图7-19

图7-20

2. 不停，我方右手抱住其腿后拽，右脚前移；同时，左拳猛击敌方右大腿髋关节骨缝，伤其腿筋。（图7-20）

九、马踏贺兰

【实战分解】

1. 我方右脚上步，左拳冲击敌方脸部。敌方仰身避过。（图7-21）

图7-21

图7-22

2. 不停，我方踢出左脚，脚跟发劲，侧踩敌方左大腿根，重创其髋。重踢快击，主攻关节，分筋错骨。（图7-22）

十、大力扛柱

【实战分解】

1. 敌方右脚进步，左脚正蹬我方脸部。我方迅疾仰身，避过敌腿锋芒。（图7–23）

图7–23

图7–24

2. 不停，我方不待敌变，沉身下潜，右脚上步，钻入敌方左腿下侧；用右肩扛住敌方左小腿，两手抱按敌方左膝，猛劲抖震，损其膝盖。（图7–24）

十一、铁脚断桩

【实战分解】

1. 敌方右脚上步，右拳冲击我方脸部。我方撤身，向左扭步；同时，上提右手，右臂外格。（图7–25）

图7–25

图7–26

2. 不停，我方提起右脚，脚跟发劲，对准敌方右膝猛然踩击，伤其膝盖，折其膝节。（图7–26）

十二、逆水行舟

【实战分解】

1. 敌方左脚前移，右脚蹬踢我方腹部。我方急速向后滑步，左手抄抱敌方右脚后跟。（图7-27）

图7-27

图7-28

2. 不停，我方右手迅疾抓住敌方右脚前掌，两手同时用劲，合力向外旋拧。（图7-28）

第八章

八卦分筋错骨手（八手）

八卦掌，又称游身八卦掌或八卦连环掌，是著名的中国传统内家拳，流传甚广。据传，八卦掌由清末董海川淂到道家修炼启示，结合武术创编而成。《董海川墓志铭》中即记有“后遇黄冠，授以武术，遂精拳勇”之句，但详情至今不明。现有武术学者推测八卦掌可能源自道教内丹动功之“转天尊”，尚无定论，有待探研。

八卦掌运动时，纵横交错，分为四正四隅八个方位，与《周易》八卦图中的卦象相似，故名八卦掌。其技法以掌为法，以走为用，奇正相生，刚柔相济，踢打摔拿，堪称绝技。

八卦擒拿，柔可分筋，刚可断骨，游身连环，变化多端。其主攻法，或见机即擒，或走中有擒，或擒中带走，抽身换影，敌难判断。或先发掌法，放长击远，扰乱其架势，迫其招架，乘机变爪，擒拿敌方，伤其关节，将其制服。其反击法，或步动身转，躲闪寻机，或顺势化力，破解来劲，或借力打力，突然加力，令敌难挡。另外，八卦门擒拿时，常配合暗腿，截敌进退，绊其下盘，乱其桩步，更是手到擒来。

今选其擒拿数招，解析出来。因八卦掌流派较多，挂一漏万，读者海涵。

一、黄莺掐嗉

【实战分解】

1．敌方右脚进步，右拳冲击我方脸部。我方撤步，坐身成右虚步；同时，右掌上挑，拦格敌方右前臂外侧。（图8-1）

图8-1

图8-2

2．随即，我方右掌外旋，抓拿敌方右腕，顺势下拉；同时，左掌拍按敌方右肘。（图8-2）

3. 不停，我方左脚上于敌方右脚后侧，内扣脚尖，将敌方右脚绊住；同时，左掌抖震敌方右臂，腾出右手向前扣住敌方左腮，向上、向左猛拉。（图8–3）

图8–3

二、仙童摘瓜

【实战分解】

1. 敌方右脚进步，右拳崩打我方脸部。我方后撤，坐身成右虚步；同时，右掌上挑，向外拦格敌方右前臂。（图8–4）

图8–4

2. 随即，我方右掌旋腕扣抓敌方右腕，向下拽拉；同时，左脚上步，上身立起，左掌推按敌方右背，致其背势。（图8-5）

图8-5

图8-6

3. 不停，我方右脚向敌方右脚后侧上步，左脚紧随绕进一步，至敌身后；同时，右手顺势扣住敌方下颌向后猛拉，左掌虎口叉托敌方后脑，交错发劲。（图8-6）

三、乌龙戏珠

【实战分解】

1. 敌方右脚进步，右拳冲打我方脸部。我方左脚后撤，坐身成右虚步；同时，右掌上挑，拦格敌方前臂。（图8–7）

图8–7

图8–8

2. 随即，我方两脚前滑，右脚绊住敌方右脚后跟；同时，左掌下压敌方右臂，右掌乘机前出，用虎口叉托敌方下颌。（图8–8）

3. 不停，我方左手前伸，绕过敌方脑后，搬住其左耳后侧。两手合劲，左拉右推，拧转敌头。（图8-9）

图8-9

四、紫燕低飞

图8-10

【实战分解】

1. 敌方右脚进步，右拳崩击我方脸部。我方撤步，坐身成左虚步；同时，右掌上挑，向外拦截敌方右前臂。（图8-10）

2．随即，我方右掌外翻下压敌方右臂，左手趁势擒抓敌方右腕，身体立起。（图8-11）

图8-11

图8-12

3．不停，我方左手上抬，拧转敌方右臂；右掌乘机前伸，从敌方右腋下穿出，勾住敌方右肩。紧接，向右拧身，左手拉举，右手盘压，致其前扑，肩节滚筋，失势丧力。（图8-12）

五、赵云挺枪

【实战分解】

1. 敌方右脚上步，右勾拳击打我方脸部。我方退步，向左偏闪，躲避敌拳锋芒；同时，右掌向前上挑，右臂外格敌方右腕；左掌伸于敌方右肘下侧，蓄势待发。（图8-13）

图8-13

图8-14

2. 随即，我方右掌扣抓敌方右腕，向外旋拧；同时，左掌前托敌方右肘。（图8-14）

3. 不停，我方右手向下旋拧敌方右腕，左掌向上挺托敌方右肘关节，合劲交错，重创其肘。（图8-15）

图8-15

六、周仓扛刀

图8-16

【实战分解】

1. 敌方右脚进步，右拳冲击我方脸部。我方后撤一步，坐身成右虚步；同时，右掌上挑，外格敌方前臂。（图8-16）

2. 随即，我方右掌外旋扣抓敌方右腕，左手上起抓擒敌方右前臂，两手合劲向右旋拧；同时，左脚上步于敌方右脚内侧。（图8–17）

3. 不停，我方上体迅疾右转，将敌方右臂扛于我方左肩。紧接着两手拧住敌方右臂，冷劲下拽，左肩上顶，重创其肘。（图8–18）

图8–17

图8–18

七、鸾凤齐鸣

【实战分解】

1. 敌方右进步，右拳崩打我方脸部。我方后撤，坐身成右虚步；同时，右掌上挑，外格敌方前臂。（图8–19）

图8-19

2. 随即，我方身体上起，左手从右臂内侧上穿，抓拿敌方右拳。（图8-20）

3. 随之，我方右掌前伸，以右前臂外侧格住敌方右肘外侧；同时，左手格住敌方右拳向外旋压。（图8-21）

图8-20

图8-21

4. 不停，我方右臂内收屈肘，夹住敌方右肘上抬，右掌按住敌方右腕向左下压，左手助劲缠扭，盘折敌方肘节与腕骨。（图8-22）

图8-22

八、祥云拱月

【实战分解】

1. 敌方右脚进步，右拳冲击我方脸部。我方后撤一步，坐身成右虚步；同时，右掌上挑，拦格敌方右臂外侧。（图8-23）

图8-23

2. 随即，我方右掌外旋，虎口叉托敌方右腕下侧。（图8-24）

图8-24

图8-25

3. 不停，我方左手上起，与右手一起拿住敌方右掌外侧，拧其右腕至掌心向下。紧接，两手冷劲下掰，折其腕节，轻则巨疼，重则残废，不得轻易使用。（图8-25）

第九章

太极分筋错骨手（十三手）

分筋错骨手，是太极拳的惯用技击法。太极拳演练起来，看似斯文，而一旦擒拿，则“出手如绵，上身似铁”“扣如钢钩，缠如金丝”，对准敌方关节一阵突袭猛击，轻可致敌肢体疼痛，失力丧势，重可致敌筋断骨折，当场昏死。

本章招法选自武当太极十三势。太极十三势非常注重擒拿，有抓扣，有锁拿，有缠绕，有捋挤，有提按，有砸压。对敌之时，可错骨分筋，可封穴闭气，可擒制降服。

今即试析数招，献于同道防身。

要想手到擒来，一是练好太极拳，掌握好技法，锻炼出功力，“每日锻炼，务使体软如绵，刚柔并济，养成一种硼弹性柔而带刚之体”“非下切实功夫，非官止神行、胆大心细不为功”。二是下手擒拿时，“务将素日之苦功练习，所养成之胆、劲、功、艺，发挥出来，益以冷疾、脆快之劲，方能制胜”。

一、揽雀尾

【实战分解】

1. 敌方右脚上步，右拳冲打我方脸部。我方向后吞身，左脚翘起；同时，右掌向前上翻，拦格敌方右前臂外侧。（图9-1）

图9-1

2. 随即，我方左前脚掌落地前移，身体右旋，右脚尖外展；同时，右掌向外裹化，右手勾指扣住敌方右腕；左掌按住其肘外侧，向下牵引。（图9-2）

图9-2

图9-3

3. 不停，身体继续右旋，左掌贴着敌方右臂滑移至右手处，按住自己右手背，左肘压住敌方右肘，急速向下沉劲。（图9-3）

二、单鞭

【实战分解】

1. 敌方右脚向前跨步，左拳冲击我方下颌。我方右掌向前上挑敌方左前臂内侧，身体重心右移，将敌方拳劲向右外侧牵引。（图9-4）

图9-4

2. 随即，我方右掌向外旋腕，抓扣敌方左腕；同时，左掌从敌方左臂外侧上挑，用左肘弯上提敌方左肘。（图9-5）

图9-5

3. 不停，我方右腿蹬劲，成左弓步；同时，我方右手扣住敌方左腕向下、向前缠推，左臂上提里合，轻则扭伤敌方左肘，重则使其脱臼。（图9–6）

图9–6

三、提手上势

【实战分解】

1. 敌方左脚上步，左拳冲击我方脸部。我方右脚后移，沉身下坐，左脚翘起；同时，左前臂向下、向右旋格敌方左前臂内侧，阻截敌方拳击。（图9–7）

图9–7

2. 随即，我方左前脚掌向前落地，右腿蹬劲成左弓步；同时，右掌前伸按压敌方左肩膀外侧，左掌后捋，右肩前送，使敌方左拳落于我方肩侧。（图9-8）

图9-8

3. 不停，我方左手压挤敌方左前臂，右肩前贴靠紧；同时，顺势向左转身，右掌按住敌方左肩后侧猛然抖劲，伤其肩筋。（图9-9）

图9-9

四、白鹤亮翅

【实战分解】

1. 敌方右脚跨步，右拳冲击我方腹部。我方向后滑步；同时，左前臂外划，向下格压敌方右前臂内侧，化解其劲。（图9-10）

图9-10

2. 随即，我方左掌勾腕后划，抓住敌方右腕，向左侧牵带；同时，左脚前移成左弓步，右手前伸，从敌方右臂下穿过，以右肘担夹敌方右肘。（图9-11）

图9-11

3. 不停，我方左手拽住敌方右腕向后下用劲，右臂上掤挒劲，致其右肘关节重创。（图9-12）

图9-12

五、搂膝拗步

【实战分解】

1. 敌方向前进步，右脚踢击我方裆部。我方沉身右偏，左手下伸，向左拍格敌方右小腿内侧，阻截敌方攻击。（图9-13）

图9-13

2. 随即，我方左手外翻抓挽，搂抱敌方右小腿；同时，右膝沉跪，向前探身，右掌按搓敌方右膝，使敌方后倒于地。（图9–14）

3. 不停，我方左臂搂抱敌方小腿挟紧上提，右掌按贴敌方右膝向左下抖劲推压，扭伤其关节。（图9–15）

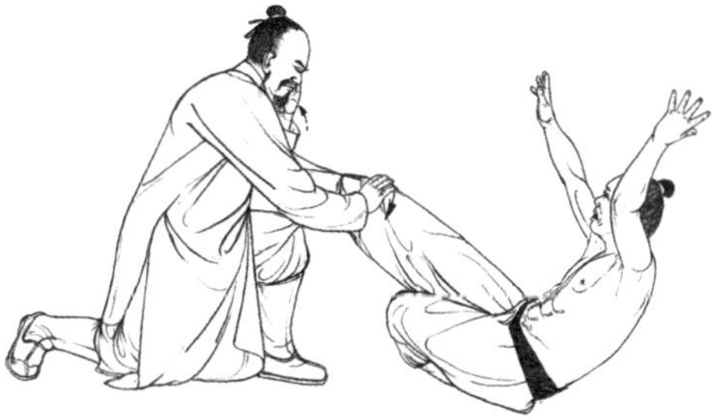

图9–14

图9–15

六、手挥琵琶

【实战分解】

1. 敌方右脚上步，左拳崩击我方脸部。我方重心后坐，略收左脚成右虚步；同时，右掌向上旋格敌方左前臂外侧，化解敌方拳劲。（图9–16）

图9–16

图9–17

2. 随即，我方右掌抓按敌方左拳向左推压，左腿前弓，左肩前移，控制敌方左臂；同时，左掌向前上伸，以肘弯托住敌方左肘下侧。（图9–17）

3. 不停，我方左臂猛然向上、向左外侧抖劲，致使敌方左肘关节重创。（图9-18）

图9-18

七、搬拦捶

【实战分解】

1. 敌方右脚进步，右拳崩击我方脸部。我方后退，上体右偏；同时，左手上翻反划，格截敌方右腕内侧。（图9-19）

图9-19

2. 随即，我方左掌外旋抓拿敌方右腕，左脚前移成左弓步；同时，右手前穿，从敌方右臂下绕过，向右上提外拦。（图9-20）

3. 不停，我方右臂外翻，抖劲上顶；同时，左手下拉敌方右腕，两相挣劲，搬折敌方右肘关节。（图9-21）

图9-20

图9-21

八、如封似闭

【实战分解】

1. 敌方右脚滑步，右拳崩击我方脸部。我方向后挪身，两掌交叉成十字手（左掌在上，右掌在下），向前托架拦截。（图9-22）

图9-22

2. 随即，我方左掌旋腕扣抓敌方右腕，左脚前移，右掌前推，使敌方右臂翻转挺直。（图9-23）

图9-23

3. 不停，我方右脚向前一步，踏入敌方右脚内侧，立身而起；同时，右臂贴着敌方右臂绕缠，将其上臂挟于我方腋臂之中，左手推其右腕，合劲翻旋敌方右肩关节。（图9-24）

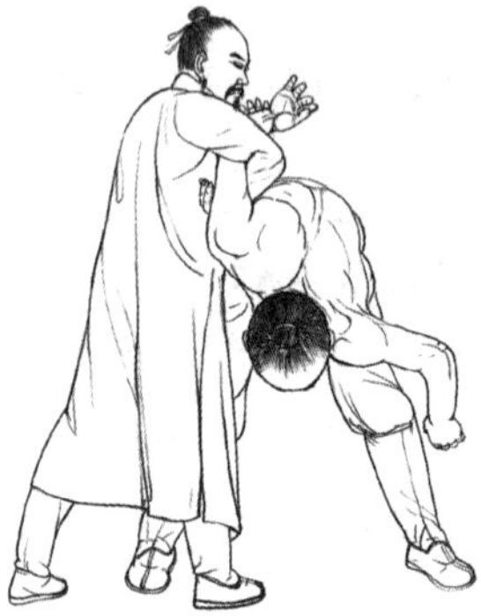

图9-24

九、抱虎归山

【实战分解】

1. 敌方右脚进步，右拳崩击我方脸部。我方吞身，两掌上提，拦格于敌方右前臂外侧，化解敌拳攻击。（图9-25）

图9-25

2. 随即，我方右脚向敌方右脚外侧上步，绊住其右脚后跟；同时，左掌向下捋按敌方右上臂，右手前伸环臂，经敌方头部右外侧绕过其脑后，经左颈侧至其下颌，缠其颈部。（图9-26）

图9-26

图9-27

3. 不停，我方左手向右扣住自己右手，右脚贴住敌方右脚跟后挂退步。紧接着上身立起，两臂箍住敌颈猛然提抖。（图9-27）

十、斜飞势

【实战分解】

1. 敌方左脚上步，左拳冲击我方脸部。我方向右偏身，左脚收提斜踏于敌方左脚外侧，重心右移成横裆步；同时，右掌提至左颔侧，拦截敌方左拳内侧，化解敌方攻击。（图9-28）

图9-28

2. 随即，我方右手旋腕抓拿敌方左腕；同时，右腿蹬劲成左弓步，左臂从敌方左臂下侧向前反拦，以左前臂内侧弹击敌方左上臂后侧。（图9-29）

图9-29

3．不停，我方右脚前滑一步，立身而起；同时，右手向下拽拉敌方左腕，左臂屈肘上提敌方左肘，折其关节。（图9-30）

图9-30

十一、撇身捶

【实战分解】

1. 敌方左脚上步，左拳崩击我方脸部。我方内收左步，左脚翘起，重心坐于右腿；同时，左掌上挑，用掌背从右向左拦格敌方左前臂外侧。（图9-31）

图9-31

图9-32

2. 不停，我方左掌顺着敌方左前臂旋腕后捋，扣指抓住敌腕；同时，左脚前移踏实，右腿蹬劲成左弓步，右拳向上提撞敌方左肘，左手下拉助劲，断其关节。（图9-32）

十二、双风贯耳

【实战分解】

1. 我方右手虚晃佯攻，左脚向前移步之际，顺势向左转身，右脚乘机弹踢敌方裆部。敌方藏裆收腹，上体前探，避躲我方右脚。（图9-33）

图9-33

2. 随即，我方右脚向前踏落，两拳向前、向里贯击敌方左右耳根。（图9-34）

图9-34

图9-35

3. 不停，我方两拳顺势向下稍落变掌，以掌根对准敌方下颌，猛然向前抖劲推托，致其向后跌出。（图9-35）

十三、金鸡独立

【实战分解】

1. 敌方右脚进步，左拳崩击我方脸部。我方吞身坐步，左掌上挑，左臂外格，拦截敌方左前臂外侧。（图9-36）

图9-36

图9-37

2. 随即，我方左掌外旋扣抓敌方左腕；同时，右腿屈膝前顶敌方左肋，右拳向上勾撞敌方腋窝。敌方躲过膝击。（图9-37）

3. 不停，我方右脚向前踏落，左手缠拽敌方左腕，右拳不收，紧顶敌方左腋窝向上抖劲，敌肩受力扭伤。（图9–38）

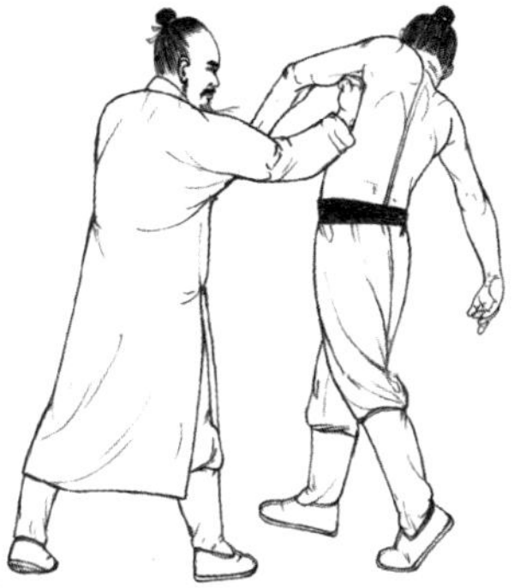

图9–38